De la escasez a la abundancia

Sylvia Morales

LA PEREZA EDICIONES

De la escasez a la abundancia
First Edition
© Sylvia Morales, 2013
Publisher: La Pereza Ediciones
Editor: Greity González Rivera

Manufactured in United States of America

ISBN-13: 978-0615744483

ISBN-10: 0615744486

Para información, escribir a:
La Pereza Ediciones, Corp.
11669 SW 153 Place
Miami, Fl, 33196
United States of America
786-2947808

*"Si experimentas insuficiencia en tu vida
es porque crees en escasez en vez de abundancia"*

Sylvia Morales

ÍNDICE

PRÓLOGO

Felicito a la autora del libro "De la Escasez a la Abundancia", pues es el logro de su eterno sueño, el escribir un libro. Para mí no fue ninguna sorpresa, ya que la conozco muy bien y sé que cuando ella se propone algo, no descansa hasta que lo logra. Así fue con los cursos de manualidades logrando excelencia. Excelencia como esposa, como madre, como abuela, como hermana, como tía y en excelencia con toda las demás familias y personas allegadas. Sé que con este logro vas a tocar muchas vidas. Te amo.

Tu esposo Andy

Felicito a la autora porque con esta obra y a través de ella pone una vez más en práctica lo que siempre me enseñó, El que persevera, triunfa. Uno de sus mayores sueños: Escribir un libro. En los próximos capítulos verán como a través de ejercicios, lecturas fusionadas con sus propias experiencias, la autora nos va llevando a la abundancia. Gracias, mami, por este regalo. ¡Que lo disfruten!

Sylvia Zambrano

Este libro no es sólo un ejemplo de que no hay edad para lograr tus sueños, sino también una guía donde su autora, a través de su propia historia, nos muestra cómo vivir en abundancia y cómo todos somos capaces de llegar a cualesquiera que sean nuestras metas si así nos lo proponemos.

Los ejemplos y la candidez con que ha sido escrito el libro te permiten disfrutar de una lectura amena, inspiradora, positiva y motivadora donde conocerás el verdadero significado de abundancia. En esta guía no sólo hallarás ejemplos para guiarte por la ruta hacia la prosperidad en tu vida, sino también podrás aprender como el Life Coaching puede ser aplicado a tu vida, ya sea para tu mejorar tu calidad de vida personal, así como si fueras a elegirlo como una carrera profesional.

Felicito a su autora, quien es ejemplo de entrega, perseverancia, voluntad, poder, dedicación, triunfo y éxito por brindarnos semejante legado. Como bien menciona su autora, tú eres quien decide si quieres escasez o abundancia en tu vida...¡Se los recomiendo!

Idemaris Díaz

"De la Escasez a la Abundancia" es un libro que me inspira y motiva para reinventarme con la certeza de que todo lo que anhelo con el corazón me pertenece y es posible vivirlo aquí y ahora porque es una historia basada en hechos reales.

Es una fortuna conocer en persona el testimonio de un Ser tan ejemplar como es Sylvia Morales, quien trasmite dulzura, humildad, amor, comprensión y estimula a todas las generaciones a seguir soñando y avanzando hasta alcanzar metas. Sylvia nos enseña que nunca es tarde cuando llega la oportunidad para brillar.

Eso de la edad es puro cuento, pues en Sylvia vive el espíritu joven con 70 años de éxitos. La experiencia que destaca su vida, han hecho posible pasar de la escasez a la abundancia; principalmente en el área afectiva; porque aprendió que en la vida los valores abundantes son mucho más ricos que los recursos materiales. Es por ello que este libro representa un tesoro, especialmente para mí y seguramente para ti también, porque está escrito que nada llega a nuestras manos por casualidad. Siéntate cómodo y disfruta de este paisaje que genera la chispa energética para activar ese fuego interno que da vida a la razón de ser, "porque todo es posible si lo creemos".

Analiz Bolivar Peña; International Life Coach, Autora del Libro "Alternativas".

De la escasez a la abundancia nace de un gran sueño, lo que estás próximo a leer transmite una gran sabiduría y experiencia de una mujer que vivió en carne propia la escasez en todas las áreas de su vida. Su vida de juventud nada fácil la llevó a tomar una decisión: "Yo viviré una mejor vida", y así fue como teniendo una gran actitud y viendo siempre más allá de sus circunstancias logró caminar de la escasez a la abundancia. La autora Sylvia Morales comparte de forma muy amena y divertida cuales fueron sus herramientas para lograr una vida plena. Es una mujer inspiradora y de gran corazón que sin duda cautivará tu atención y motivará a que tú también logres la abundancia en tu vida; como ella nos menciona, sólo de ti depende vivir en la escasez o la abundancia. Me siento muy orgullosa de haber sido cómplice de este gran proyecto y deseo con todo mi corazón que te apoye igualmente a lograr tus sueños.

Lyvia Morales
Autora del libro "Soy más de lo que pensaba"

NOTA ESPECIAL A LA AUTORA

Perseverancia, consistencia, fe, positivismo, aceptación, justicia, principios, amor, pasión y abundancia son sólo algunas cualidades que muchos seres humanos aspiran a alcanzar alguna vez en su vida. Sin embargo, hay seres humanos que por elección divina, humildad, valor y vulnerabilidad continua han logrado sumar todas éstas de manera simple y casi natural. Como si fuera tarea fácil en un largo viaje por la vida. Esa es una de sus virtudes.

Es de ese largo viaje, del cual soy testigo ocular y vivencial que nace su nuevo bebé, *"De la Escasez a la Abundancia".* Y cuando digo nace, es literalmente así. Este parto tiene unas particularidades. Entre ellas requirió de todas sus experiencias, vivencias y coraje para traerlo al mundo físico. Sobre todo, requirió de una energía rica en abundancia para poder compartirlo con todos nosotros. Sin olvidar que a su corta edad, pero intensa, logró domesticar al dinosaurio llamado "computadora".

A lo mejor te preguntas, ¿qué es eso *"De la Escasez a la Abundancia"? ¿Cómo se llega ahí?* Pues te convido a experimentar un gran viaje por el libro que sin dudas te servirá de guía para vivir una vida en abundancia. El libro presenta sabiduría trascendental de una manera sencilla y cotidiana, aunque profunda. La autora se las ha ingeniado para llevarte de la mano a lugares internos que solo, tal vez, no visitarías. De manera magistral comparte vivencias y experiencias que difícilmente encuentres en otro lugar. Es una guía espectacular que resume una vida de retos y superación para evidenciar que sí es posible vivir una vida en abundancia, en todos los sentidos de la palabra. Simplemente, un ser humano que vive así, puede compartirlo así.

Todo esto lo sé, no sólo porque tuve el privilegio de leer el libro, sino porque he sido bendecido con su sabiduría. La autora del libro no solamente posee particular sabiduría, sencilla y profunda, sino que también ha creado otras obras de vida. Entre ellas estoy yo, su tercer bebé. Y hoy tengo el honor y el privilegio, que la vida me ha dado, de perpetuar por escrito algunas creencias que tengo sobre ella. Esa gran líder transformacional es mi MADRE. Y no es mi madre porque me parió. Nunca me exigió que la amara. Nunca me exigió que la eligiera como madre. Me enseñó la libertad de escoger. *Y por su amor incondicional, pasión por la vida, humildad ante todos, entrega total, respeto genuino y alegría infinita, entre otras, me inspiró a escogerla como madre.* Y también sé que su primer bebé y segundo bebé también la escogieron como madre por similares vivencias. Y eso no lo hace cualquiera. Supongo que eso es plenitud, y conociéndola como la conozco, *SÉ QUE ES SU MAYOR ABUNDANCIA.*

Querida Madre, eres luz en mi camino; brazos que me cargan sin conocer el cansancio; amor que llena mi corazón; conexión espiritual que me energiza; mi bálsamo de paz en tiempos de tormentas; así te siento yo.

Querida Madre, tu mirada y tu sonrisa que iluminan mi vida me recuerda lo pequeño que soy, pero lo grande que puedo ser. Es por eso, y mil vidas de gratitud más, que cuando sea grande quiero ser más o menos como tú. Te admiro por tu valor, persistencia y determinación en crear tu primera obra literaria con éxito.

Te amo infinitamente y quiero que sepas que tu libro hace mucho tiempo está en mi corazón.

Noel O. Morales Jr. (Orlan)

AGRADECIMIENTOS

Hoy, acabando de cumplir mis 70 años de vida, le quiero dar las gracias primero a Dios por permitirle a mi madre darme el ser que tengo, y haberme guiado por un largo camino lleno de tantas experiencias y propósitos vividos. Gracias Dios, por una vida llena de luz y por siempre iluminar mi mente, por pensar claramente, por la energía sanadora que fluye en mí, ahora, restaurando la salud y perfección; Gracias también por permitirme descubrir y expresar mi potencial divino cada día.

Gracias también a mi familia por ser apoyo incondicional, por confiar y creer en mí, por no permitir que me rindiera, aún en momentos de frustración (con la computadora) por ser mi mayor motivo para seguir mi sueño hasta llegar a la meta final.

José A. Morales: Mi padre, gracias por todo tu amor y por tu preocupación para que fuéramos personas de bien y tu apoyo incondicional para que fuéramos personas responsables y por ocuparte de que tuviéramos un título universitario. Te amo mucho papi, donde quera que te encuentres.

Noel Morales: Mi esposo, que juntos hemos logrado nuestros sueños durante 50 años, gracias por tu respaldo incondicional, por estar siempre ahí para mí, por ser parte vivencial de este logro. Gracias, te amo.

Sylvia M. Zambrano: Gracias por ser la hija que eres, un "ser especial", mi primer fruto de amor y una de mis grandes bendiciones. Gracias también a mi yerno Javier, a mis nietos, Mario y Gaby, por su apoyo, por siempre confiar en mí y por tenerme paciencia, han sido una parte importante en el cumplimiento de mi sueño. Los amo con todo mi corazón. Mis bendiciones para ustedes.

Lyvia E. Morales: Mi segunda bendición, gracias por ser la

15

responsable de que cumpliera mi sueño, por tu respaldo total, porque nunca pusiste un pero cuando te pedía apoyo. Tú eres parte esencial de este logro. Gracias por siempre estar ahí, aún con lo ocupada que siempre estás, Dios te hizo un "ser especial".

Gracias también a Carlos, mi yerno, y a mi nieto Giancarlo, por permitir que Lyvi dedicara del tiempo de ellos para apoyarme. Los amo con todo mi corazón. Mis bendiciones para todos.

Noel Morales, Jr.: Mi hijo más pequeño, mi tercera bendición, gracias por ser el ser humano que eres, por siempre estar ahí para mí. Aunque estamos en distintos países, la distancia no nos ha separado porque siempre estamos sincronizados en mente y cuerpo, gracias por siempre apoyarme en todos mis proyectos y por confiar en mí.

Gracias también a Ivonne, mi nuera, y a mis nietos Orlando y Daniel, a los que extraño mucho, pero ellos saben que los amo con todo mi corazón.

A mis hermanas: Ana, Ramonita, Josian, Carmen, Iris y Víctor mis confidentes en mis andanzas de juventud, gracias por ser mis hermanos y hermanas, por siempre estar a mi lado en los buenos momentos y en los menos buenos y los esposos de mis hermanas. Ustedes saben cuánto las quiero y las extraño. Que Dios los siga bendiciendo siempre.

A mis cuñados, gracias por siempre tratarme como a una hermana, y por siempre estar conmigo en todo momento. Los quiero mucho pues ustedes también son mis hermanos y hermanas.

A mis sobrinos: Los cuales han compartido sus andanzas y sus historias conmigo, gracias por el amor que siempre me demuestran, por confiar en mí, por permitirme ser sus confidentes, por gustarles estar compartiendo conmigo. No puedo mencionar sus nombres pues se llenarían muchas hojas de papel, pero ellos saben que yo siempre voy a estar aquí para todos ellos y que mi amor es recíproco.

Gracias también a las esposas y esposos de mis sobrinos pues son parte del mismo equipo, pues juegan el mismo papel que mis propios sobrinos. Muchas bendiciones para todos. Los amo a todos por igual.

A Dr. Eric González: Mi sobrino Eric, el médico, el amigo, el consejero, gracias por ser tan especial, no más que los demás sobrinos, pero con la única vocación que Dios te dio en esta vida que es la de servir, y no es solo servir, es la entrega con la que sirves a los demás.

Gracias por siempre escucharme cuando te llamo para consultarte algo, Dios te trajo con un propósito a este mundo y tú lo estás cumpliendo a cabalidad, es el propósito de servir con amor. Eres un ángel. Que Dios te siga bendiciendo siempre. Te amo con todo mi corazón.

A Analiz Bolivar: Mi amiguita y mi hija postiza, gracias por tu cariño incondicional y por querer ser mi otra hija, pues para mí ya lo eres. Te deseo mucho éxito en tu vida y te quiero mucho. Que Dios te bendiga siempre.

A Jacqueline Betancourt: Mi coach, mi mentora, gracias por todo tu empeño y paciencia para conmigo. Tú eres la única responsable de que yo haya logrado mi sueño, pues sin tus mentorías y tus preguntas hechas para lograr que yo me moviera de espacio, nada se hubiera logrado. Mi respeto y mi aprecio hacia ti, Gracias, que Dios te siga bendiciendo siempre.

A la Academia Amerilíderes: Gracias a todo el personal de la academia por las mentorías recibidas y las conferencias, que me han ayudado mucho a mi crecimiento y superación, gracias al Dr. Jeff García y su esposa Odalys por sus palabras de apoyo y de empoderamiento para motivarme en este productivo proyecto de vida, que han sido parte importante para que yo lograra mi sueño. Mi respeto y mi aprecio a todos y muchas bendiciones.

INTRODUCCIÓN

DE LA ESCASEZ A LA ABUNDANCIA

"Dios nos dio el ministerio de la reconciliación"
(Pablo 2 Co. 5:18)

Si asumimos responsabilidad por lo que creamos, admitiendo cuando hemos "fallado" y haciendo las paces, nos alineamos con nuestra naturaleza espiritual y abrimos el camino para que la abundancia fluya en nuestras vidas.

Las heridas pasadas pueden bloquear ese fluir, los arrepentimientos de los cuales no hablamos, viejos resentimientos y la falta de perdón. Todos tienen sus raíces en decisiones pasadas y errores que hemos cometido.

Si permitimos que esos bloqueos se queden sin resolver esto causaría un impacto y crearía una barrera en nuestras vidas que detendrá el fluir de la abundancia.

LA ABUNDANCIA es el estado natural del universo, cuando esta no fluye en nuestras vidas debemos mirar hacia los problemas no resueltos.

El primer paso para resolver esto es admitirlos y asumir responsabilidad por nuestras decisiones. Al juzgar a otros estamos viendo a través de nuestros "filtros", pensamientos, creencias y experiencias. A medida que sean nuestros errores, admitimos y asumimos responsabilidad por ellos.

CÓMO PODEMOS VISUALIZAR LO ANTES ESCRITO

Dos hermanos tenían una disputa acerca de un arroyo que fluía entre sus propiedades. Discutían eternamente, hasta que un día se dejaron de hablar.

Como había una pared invisible entre ellos, el hermano mayor decidió construir una pared de verdad. Así que contrató a un carpintero que iba de paso y le dio instrucciones para que construyera una cerca muy alta para no ver la propiedad de su hermano. Luego se fue de vacaciones.

A su regreso vio a su hermano que venía a saludarlo. Se preparó para defenderse pero para su asombro, el hermano tenía lágrimas en los ojos. Abrazó a su hermano mayor y le pidió perdón.

"Eso que has hecho es un símbolo tan grande de perdón que me siento avergonzado por mi comportamiento pasado", dijo el hermano más joven.
"Por favor perdóname". Y lloró.

Confundido, el hermano mayor permaneció callado a medida que caminaban juntos hacia la casa. Allí, en vez de la cerca que había ordenado había un hermoso puente. El hermano mayor sintió vergüenza y también pidió perdón al hermano menor. Su enemistad terminó y su reunión fue gozosa. Al pedir al carpintero que se quedara y continuara bendiciendo al pueblo con su buena voluntad, éste contestó que necesitaba seguir su camino. Había otro puente que necesitaba construir. (Gary & Jame Simmons)

Nadie está inmune a cometer errores. El libre albedrío implica la habilidad de cometer errores. Con la decisión viene también la responsabilidad.

La decisión es la base de toda creatividad, y el impacto de nuestras decisiones puede hacernos daño tanto como sanarnos, a nosotros, a los demás. Cuando nuestras decisiones nos causan daño hay la necesidad de reconciliación o de hacer las paces.

Cuando crean separación, esto puede surgir en nuestras vidas como conflictos, manifestándose en relaciones personales no armoniosas, retos de prosperidad o enfermedad.

Esperando que este libro nunca falte en un lugar especial en tu biblioteca como una referencia indispensable y guía positiva para tu vida.

Sylvia E. Morales

ENCUESTA

Preguntas:

1. ¿Crees que estás libre de pensamientos negativos o limitación?

No-----75--------50%

Sí--------76--------50%

Mi percepción a esta respuesta es que hay muchas personas con pensamientos de escasez y limitación. Se sienten limitados a buscar oportunidades o quizás no conocen la importancia de tener una mente abierta y receptiva a obedecer a sus pensamientos positivos y dejar atrás los pensamientos negativos. Debemos tener siempre pensamientos de Abundancia y prosperidad.

2. ¿Te sientes derrotado cuando una puerta se cierra en tu vida?

Sí--------68---------45%

No-------83-------------55%

Es impresionante cómo en esta pregunta el 45% de las personas encuestadas respondió que se sienten derrotadas cuando una puerta se cierra en su vida, esto nos demuestra que todavía hay muchas personas que no tienen seguridad en ellas mismas y que se sienten derrotadas ante el primer fracaso. No saben lo que quieren ni para donde van. Desconocen que este mundo está lleno de oportunidades.

3. ¿Tú piensas que la prosperidad viene de la única fuente de abundancia: Dios?

```
Sí-------118------------78%-
No------33--------------22%
```

En esta pregunta la mayoría de las personas dijo que sí, pero hay un porcentaje que dijo que no piensan que la abundancia viene de la única fuente que es Dios. Estas personas puede que no crean en el mismo Dios que nosotros creemos y que tengan su propia creencia sobre su Dios o sean ateos.

4. ¿Tú piensas que "dar" es una de las claves de la ley de prosperidad?

```
Sí-------140------------92%
No-------12-------------- 8%
```

En esta pregunta la mayoría contesto que si, en nuestra disposición de dar aquello que buscamos mantenemos la abundancia del universo circulando en nuestras vidas. El otro por ciento está ajena a lo que significa dar. Dar no es sólo dar dinero, tú puedes dar amor, alegría, dar de tu tiempo a las personas necesitadas, hay muchas formas de dar.

5. ¿Tú crees que la abundancia hace la felicidad?
```
Sí -------54-------------36%
No-------98-------------64%
```

El 64% dijo que no, que la abundancia no hace la felicidad, yo difiero de estas personas, Si nos contemplamos viviendo en la abundancia estamos determinando consciente y positivamente la ley de la atracción y por consiguiente vamos a lograr que todos nuestros sueños se hagan realidad. Y si nuestros sueños se realizan vamos a tener una vida tranquila económicamente, felices y con una paz espiritual. Este por ciento que dijo que no es responsable de cualquier carga emocional que les impide que disfruten de verdadero gozo. Si tienen algún resentimiento están bloqueando su prosperidad. Los resentimientos bloquean la prosperidad.

Esta encuesta está realizada a base de 152 personas en su mayoría mujeres entre 18 y 80 años de edad, jóvenes de 14 a 17 años, y hombres.

Entre 18 y 80 años, a través de Facebook, personalmente o por teléfono a personas de distintos países como Puerto Rico, Venezuela, Ecuador, Florida y ésta arrojó los números antes escritos.

CAPÍTULO 1

RECONOCIENDO MI HISTORIA

¿Cómo experimenté la escasez en mi niñez?

Mi niñez fue bastante frustrante, mi situación fue bastante reprimida en cuanto a escasez se refiere. Viví un ambiente de mucha escasez material, la cual tal vez no fue tan importante como la escasez de cariño, atención, de amor, soledad, miedo, etc.

Para poder justificar mi escasez de amor y de mis otras necesidades de las cuales yo padecía, empezaré por decirles que fui hija de una madre alcohólica. Hubo muchas razones por las cuales mi madre se envolvió en esta adicción al alcohol.
En primer lugar mi madre era una persona analfabeta, pues aparentemente no había las facilidades para estudiar, Mi madre se casó muy joven y empezó a parir. Mi padre tenía un quinto grado, aunque no era un intelectual se desenvolvía bastante bien, ya que le gustaba leer mucho. Mi padre era militar y estaba estacionado en un campamento en el mismo pueblo donde nosotros vivíamos. Mi padre era un hombre muy guapo, y tenía algunos problemas, como ser mujeriego, bebedor y jugador.
Me cuenta mi mamá que ellos vivían en una pobreza extrema, pues aparentemente mi papá jugaba mucho y gastaba su dinero en mujeres.

Cada vez que él venía a la casa con pase del campamento, mi mamá salía preñada y así sucesivamente tuvo trece hijos, se le murieron seis, ya que no había las facilidades de médicos ni hospitales.

Mi papá era tan mujeriego que mi mamá tenía una vecina que la ayudaba a cuidar los nenes, y más tarde mi mamá se enteró de que la muchacha estaba embarazada de mi papá.

Al tiempo, yo no recuerdo mi edad, pero sí recuerdo que mi papá llego un día a mi casa con un niño como de ocho años y ese era el hijo que había tenido con esa señora.

Para hacer corta la historia, mi mamá le crío ese hijo a mi papá, y él era adoración con mami. Su nombre era Aníbal.

Al ser yo tan pequeña con apenas cuatro o cinco años era lógico que me sintiera sola, triste y con muchos miedos, y mucha confusión pues yo siendo tan pequeña no podía entender por qué mi mamá bebía y por qué peleaba con mi papá.

En una parte yo puedo justificar a mi mamá su adicción, pues cada vez que ella iba a parir le daban un ron que se llama "ron cañita", para aliviarle los dolores de parto, esa es una razón; la otra, yo pienso, la tristeza y la soledad que vivió mi mamá, pues mi papá nunca estaba en los partos de ella.

Siendo yo muy pequeña, estaba en primer grado, mi mamá me ponía un abrigo, pues en Cayey hace mucho frío, y me mandaba para la escuela que quedaba como a 45 minutos de mi casa, yo solita a pie. Yo iba caminando y a mitad de camino vivía una tía mía y yo me iba para su casa y me engañotaba detrás de la puerta a esperar que llegara el lechero, pues antes la leche se entregaba en las casas. Mi tía abría la puerta yo entraba y me acostaba en la cama y mi tía iba y me arropaba y me dejaba dormir, y yo no iba a la escuela. Pero esto duró poco porque mi tía le tuvo que decir a mi mamá lo que estaba pasando.

Recuerdo que me dieron una pela por haber faltado a la escuela. Yo tuve una disciplina bastante fuerte y abusiva, una vez yo tendría como cinco años le dije a mi mamá que le iba a decir a mi papá que ella estaba tomando alcohol y mi mamá se puso furiosa, se fue al patio y busco excreta de gallina y un ají picante, los mezcló los dos y me estrujó la boca hasta que me desbarató los labios y me brotó sangre.

El próximo episodio de disciplina abusiva fue un día que mi mamá había guardado una peseta (25 centavos), y ella los tenía debajo de un santo. Aparentemente eran para pagarle a alguien que ella le había comprado algo. En esta ocasión yo tenía seis años, aparentemente yo vi cuando ella guardó el dinero ahí y fui y lo tomé. Me fui con una amiguita a una tiendita de las que había en nuestros pueblos de antes. Compré pan, queso y guineo (banana) y me senté con mi amiguita en una escalera de un edificio a comernos lo que yo había comprado. Cuando llegué a la casa, mi mamá me preguntó si yo había cogido el dinero y yo le dije que sí, ella se puso furiosa y me tomó por un brazo y me llevó a la cocina y con una correa me empezó a dar una pela, me seguía pegando hasta que mi hermana mayor se metió y ahí ella dejó de pegarme.

En otra ocasión recuerdo que mi mamá me amarró por una pierna de la pata de la cama en lo que ella planchaba, para que yo no me fuera para la calle. Fíjate hasta donde llegaba la ignorancia de mi madre en cuanto a disciplina se refería, yo entiendo que eso fue lo que ella vivió y lo que ella aprendió, o sea, para ella eso era la forma de cuidarme para que yo no me fuera de la casa y me pasara algo. Esa era la forma que ella entendía que me estaba protegiendo. Y por eso yo siendo adulta ya, podía entender a mi madre y justificar su forma de disciplinarnos.
De los trece hijos que tuvo mi mamá, solamente sobrevivimos siete, pues los otros seis murieron pequeños y yo no los conocí. A los hermanos que yo conocí y con los cuales compartí mis vivencias son: Ana, Ramonita, Josian, Carmen, Iris y Víctor. De estos siete sólo quedamos Carmen, Iris y Yo. A pesar de todos los pesares todos mis hermanos y yo tuvimos una muy bonita relación.

Ya cuando nació Carmen mi papá se había licenciado del ejército y había conseguido un trabajo en los muelles, en San Juan, capital de P.R. Todavía nosotros vivíamos en Cayey, pero él viajaba todos los fines de semana a la casa a estar con nosotros.

Para ese entonces ya mi papá había dejado todos los vicios y era un padre ejemplar, se preocupaba por que estuviéramos bien en cuanto a la alimentación, en cuanto a la educación se ocupó de que todos tuviéramos un título educativo universitario.

Cuando yo tenía siete años nos mudamos también para San Juan,

27

mi papá había alquilado una casa bastante cómoda para nosotros.

Ahí las cosas fueron mejorando económicamente, pues mis hermanas mayores ya trabajaban y aportaban a los gastos de la casa.

En conclusión, yo verdaderamente y de todo corazón justifico a mi mamá y la amé y la seguiré amando siempre, pues su conducta, era la única forma que ella conocía para darnos una lección, la primera cuando me puso el ají picante con la excreta, la lección era que las personas no tienen que estar hablando lo que no les importa ni llevando chismes, y la otra, la de la peseta, que no se debe tomar lo que no es de uno o en otras palabras, no se puede robar.

Quiero que quede bien claro que hoy en día yo no justifico ni justificaré a nadie que aplique esa conducta con sus hijos. Pero esto fue una lección para mí, pues yo en todo momento eduqué a mis hijos hablándoles mucho y jamás les tuve que pegar ni maltratar para que me obedecieran y hoy en día estoy muy orgullosa de mis tres hijos que conste que no soy la mejor madre del mundo, pero verdaderamente traté humildemente de hacer lo mejor, prometiéndome a mí, que mis hijos no iban a pasar por todo lo que yo pasé en mi niñez. Yo me prometí que cuando yo me casara tenía que ser con un hombre pacífico y que no fuera alcohólico, y Dios me complació, pues tengo un esposo bueno y tremendo padre y un ser humano especial. Traté de que en mi casa siempre hubiera un diálogo y que yo no quería ver peleas ni discusiones, pues cuando veo a alguien pelear me vienen malos recuerdos del pasado. Vuelvo y repito, no es que seamos los mejores padres, pues somos seres humanos y tenemos muchos defectos y muchas virtudes, no somos perfectos, pero tratamos de hacer lo mejor que pudimos hacer con nuestros hijos, con las herramientas que teníamos.

Hoy día tengo setenta años y los años no pasan en vano, la verdad que si se sienten, pero todo depende con el lente que tu mires la vida. Aquí donde yo vivo es un complejo de apartamentos para personas de la tercera edad y tienen muchas actividades y muchas facilidades para uno moverse, me refiero a transportación, una de las actividades es ir a cantar los sábados, pues hay un grupo de personas que nos reunimos para cantar canciones del ayer. Estando un día en este grupo yo les comenté a unas cuantas personas que yo pensaba coger el curso de coach porque yo siempre había querido escribir un libro y este curso me daba la oportunidad y las herramientas que yo necesitaba para llevar a cabo mi sueño de escribir un libro. No había pasado ni un minuto para que alguien hiciera el comentario negativo, pero tu estudiar a esta edad, escribir un libro. Y yo le contesté que los años vividos traen muchos cambios, pero los años vividos en sí no nos envejecen, ni nos cambian, es cómo vivimos esos años los que hacen la diferencia.

A mi edad me siento joven, con ganas de seguir viviendo, me gusta bailar, cantar, reír, jugar con mis nietos, me encanta divertirme y pasarla bien con mis hijos y nietos, y demás personas con las que comparto.

Tenemos que vivir el presente. La manera de llegar a sentirse emocionado, vigoroso y completamente vivo es buscar y depender de nuestro ser interno, el cual está siempre vinculado a esa energía interna que llamamos Dios. Esto no quiere decir que dejemos de disfrutar de las muchas maneras externas hacia la diversión y el descanso. El punto es que no necesitamos de estas cosas para ser feliz. No somos esclavos de lo exterior, somos almas libres.

"Si estamos demasiado ocupados en encontrar un sentido, no dejamos actuar a la naturaleza, y nos volvemos incapaces de leer las señales de Dios"
Pablo Coelho

"Y la paz de Dios, que sobrepasa todo entendimiento,
guardará vuestros corazones y vuestros pensamientos"
Filipenses 4:7

CÓMO REJUVENECER
Por Martha Smoock

Tememos envejecer, sentimos pavor al pensar que estamos
activamente limitados. Rechazamos la idea de convertirnos
en una carga para nuestros seres queridos o tener que depender
de la sociedad para nuestro cuidado y bienestar.

Cuando pensamos de este modo, pintamos un cuadro muy
Sombrío.

El número de años vividos traen muchos cambios, pero los
años en si no nos envejecen o cambia. Es como vivimos
estos años lo que hace la diferencia.

Nuestro crecimiento ocurre en nuestro interior.

Nuestro progreso ocurre gracias a los pasos interiores
que damos en conciencia y no por la fecha del calendario.

Todos sabemos   interiormente que somos
capaces de mucho más de lo que hasta hoy hemos
expresado, y este pensamiento no es erróneo. ¡A cualquier
edad que joven es nuestra visión y que jóvenes son nuestros
sueños!

Al pasar los años cambios tienen lugar en nuestros cuerpos,
en nuestras circunstancias, la vida pasa y fluimos con ella...
pero con fe y un espíritu joven y jovial podemos encontrar
alegría, podemos seguir viviendo sintiéndonos rezagantes.
Esta es el alma secreta sin importar la edad para superar la
creencia en la vejez.

31

Podemos rehusar contar el número de años que hemos vivido en salud precaria, con errores, disgustos, fracasos y desesperación. Podemos recordar que por siempre seremos hijos amados de Dios.

Somos seres espirituales, estamos aquí con un propósito, y a pesar de nuestra edad, tenemos valor y somos necesitados.

Todavía mejor tenemos un espíritu virtuoso que el tiempo no puede apagar y que el paso del tiempo no puede tocar.

"Vibro con celo y entusiasmo, y prosigo ávidamente con fe poderosa a hacer todo aquello que tiene que ser hecho por mí"
Charles Filmore
(Escrito a la edad de 94 años)

CAPÍTULO 2

PENSAMIENTOS DE ESCASEZ

"Muchas de las personas que experimentan Insuficiencia de algo
en sus vidas lo hacen
Porque creen en la carencia en vez de creer en la abundancia"
(Rebecca Clark)

Escasez según el diccionario: Falta o poca cantidad de una cosa, falta de cosas necesarias para vivir, situación en que los recursos son insuficientes para proveer bienes que satisfagan las necesidades de un individuo o una persona.

"Hay suficiente para todos. Si crees en ello, si eres capaz de verlo, si actúas con esa actitud, se te manifestará. Esta es la verdad".
Michael Bernard Beckwwith

¿Cómo puede haber escasez? Es imposible, nuestra capacidad para pensar es ilimitada, igual que las cosas que podemos pensar para que se manifiesten. A muchos de nosotros nos han enseñado que primero son los demás y el resultado es que hemos atraído sentimiento de no ser merecedores de las cosas. Mientras sigamos albergando esos sentimientos continuaremos atrayendo más situaciones que nos hacen sentir más indignos y que no tenemos suficiente. Debemos cambiar esa forma de pensar.

Cuando no nos sentimos bien con nosotros mismos, estamos en una frecuencia y atraemos a más personas, situaciones, circunstancias que continúan haciendo que te sientas mal.
Debes cambiar el enfoque y pensar las muchas cosas buenas que hay en ti.

Mi opinión es que esto es realidad, pues yo lo he vivido. Cuando era adolescente yo era muy tímida y con muchos miedos y

33

muchas inseguridades, no me creí merecedora de nada bueno, pues siempre existía la famosa frase de "no se puede, es muy caro, no hay dinero, no es necesario", y así sucesivamente uno se hace la idea de que no somos merecedores de nada pues siempre hay algo primero que uno.

Con el pasar de los años me he dado cuenta, por talleres, libros y otras fuentes de información, que estas son situaciones y mitos creados por nuestros padres y que nosotros seguimos arrastrando. Yo estoy segura que sí, que yo soy merecedora de todas las cosas buenas que existen en el mundo, felicidad, dinero, abundancia, prosperidad y que la palabra escasez para mí no existe en mi vida. Pues cuando uno tiene pensamientos de abundancia, no pueden existir pensamientos de escasez.

"Aunque digamos que hay carencia, es porque no abrimos nuestra visión y vemos todo lo que nos rodea".
(Doctor John Demartini)

La única persona responsable de tu felicidad, de tu dicha total eres tú mismo, por eso ni siquiera nuestros padres, hijos o pareja pueden tener control alguno sobre lo mismo. La felicidad reside dentro de ti mismo.

Estando yo en uno de los talleres de la Academia Amerilíderes, se me acercó una joven para felicitarme, pues en el taller habían mencionado que yo cumplía 50 años de casada. Ella me preguntó que "cómo yo había podido estar casada tantos años". Yo le contesté, "con mucho respeto, amándome y amando a mi pareja, perseverancia, comprensión y compromiso".

Estuvimos platicando un rato, ella me estaba contando sobre su vida, que ella era divorciada, que su divorcio fue por su culpa, que ella era fea y por eso todas sus parejas la dejaban, que su hijo no la venía a ver. Simplemente yo le dije que ella era bonita, que buscara las cosas bonitas que Dios le había dado y que buscara ayuda profesional, pues yo no estaba preparada para dar consejos.

Su respuesta fue que ella iba a comprar el libro de Lyvia, "Soy más de lo que pensaba" y que lo iba a leer. Ese día Lyvia había hecho la presentación de su libro. Para los que no conocen a Lyvia, ella es una mentora de la Academia Amerilíderes.

Según mi análisis sobre esta persona, podemos ver el tipo de persona que su autoestima está por el piso, que no se valoriza, no se ama. Si ella no se llena primero, no podrá ofrecer nada a nadie. Aparentemente ella no está contenta con ella misma, por eso está bloqueando el amor y sigue atrayendo a personas que la hacen sentir mal.

Este es un vivo ejemplo, que nos deja ver cuántas personas están alrededor de nosotros que están pérdidas, falta de conocimiento, no tienen la menor idea de que este mundo está lleno de oportunidades y que ellas son merecedoras de todas las cosas buenas que hay en sus vidas, no se acercan a personas poseedoras de conocimiento y de pensamientos de abundancia.

Simplemente no se quieren mover de espacio, no conocen nada más, pero no hacen nada por mejorar sus vidas.

Disfruta de las cosas buenas que tiene la vida y no pierdas el tiempo y tus energías en pequeñeces que tienen los demás.

Ámate, mímate, mírate al espejo y verás que muchas cosas bonitas tienes.

No pierdas tu tiempo criticándote y dándote palos. Dale gracias a Dios por todas las cosas bonitas que posees. Si tienes los dedos largos, no los critiques, míralos como algo positivo quizá te puedas ayudar a agarrarte mejor.

Yo he visto tantas personas con peores defectos, sin brazos y si no tienen brazos, no tienen manos, ni dedos. Pero tú sabes que esas personas son felices y resuelven sus problemas con las herramientas que tienen. Yo he visto a estas personas escribiendo en la computadora con los dedos de los pies, guiando aviones, haciendo mecánica con los dedos de los pies y nosotros que lo tenemos todo, siempre estamos buscándonos falta en vez de estar dándole gracias a Dios por todos los atributos que tenemos.

Debemos de fijarnos más en nuestro yo interior. En ese ser espiritual que somos. Y en la belleza de nuestro corazón. La belleza física se acaba, sin embargo la belleza espiritual es la verdadera belleza que Dios nos dio y que perdura para siempre, mientras tú se lo permitas.

Toda nuestra felicidad está en la frecuencia del amor, la frecuencia más alta y poderosa. No podemos retener el amor en nuestras manos, solo podemos sentirlo en nuestro corazón. Es un estado de ser.

Podemos ver la evidencia de ese amor expresándose a través de las persona, pues el amor es un sentimiento y tú eres el único que puedes irradiar y emitir ese sentimiento y cuando amas estarás en unidad total con el Universo. Cuando irradiamos amor nos parece que el Universo entero está haciendo todo por nosotros. Atrayendo todas las cosas bellas hacia nosotros, atrayendo todas las personas buenas.

Resumiendo:
Cuando quieras atraer una relación, asegúrate que tus pensamientos, acciones, palabras y entorno no contradigan tus acciones.

Tu trabajo eres tú, a menos que primero te llenes a ti mismo, no tendrás nada que dar a nadie.

Trátate con amor y respeto y atraerás a las personas que te amarán y te respetarán.

Cuando no estás de acuerdo contigo mismo, estás bloqueando el amor y sigues atrayendo a más personas y situaciones que te hacen sentir mal.

Enfócate en las cosas buenas que tienes de ti y la ley de la atracción te enseñará más cosas buenas de ti.

Michael Bermand Beckwith dice: "Hay una mentira que se activa como un vivir en la mente de la humanidad".

Esa mentira es:

No hay suficiente
Hay carencia
Hay limitación
No hay bastante

Esa mentira hace que las personas vivamos con miedo, avaricia, tacañería. Y esos pensamientos de miedo, avaricia, tacañería se conviertan en su experiencia. El mundo vive en una pesadilla.

Lo cierto es que hay más cosas buenas para todos. Hay ideas creativas de sobra, amor, felicidad, poder.

Todo esto llega a una mente que es consciente de su propia naturaleza infinita.

Pensar que no hay suficiente es mirar sólo lo exterior y creer que todo viene de afuera. Si hacemos eso sin duda sólo veremos carencia y limitación.

Todos los grandes maestros que han pisado este planeta nos han dicho que la vida es abundancia.

"La esencia de esta ley es que has de pensar en la abundancia, ver la abundancia, creer en la abundancia, nada es limitado ni los recursos, ni ninguna otra cosa. Sólo existe limitación en la mente humana."
(James Ray)

EJERCICIO ESPEJO

Este ejercicio lo puedes hacer frente a un espejo o con otra persona como apoyo, frente al espejo o a la persona pregúntate ¿Quién o que soy? Y luego si lo estás haciendo frente al espejo tú misma te contestas lo siguiente o si lo estás haciendo con alguien que la otra persona te diga mirándote a los ojos:

TÚ ERES UN SER PERFECTO EN ESENCIA, MARAVILLOSO, DIVINO, HIJO DE TU DIOS. TÚ HAS NACIDO PARA BRILLAR Y SER FELIZ. TÚ ERES UN SER ÚNICO, ESPECIAL Y EXTRAORDINARIO. TÚ TIENES TODOS LOS DONES Y TALENTOS DENTRO DE TI. TIENES TODO EL AMOR, LA FE, LA IMAGINACIÓN, LA CREATIVIDAD, LA SABIDURÍA, LA VOLUNTAD, LA FORTALEZA, EL ENTENDIMIENTO, LA COMPRENSIÓN Y TODO EL PODER QUE NECESITAS PARA LOGRAR TUS SUEÑOS, TU REALIZACIÓN Y TU ÉXITO, ESE SUEÑO QUE LATE HACE MUCHO TIEMPO EN TU CORAZÓN HA SIDO PUESTO POR DIOS PORQUE EL SABE QUE ESTÁS LO SUFICIENTEMENTE EQUIPADO PARA HACERLO REALIDAD CREE EN TI, EN TU INTUICIÓN Y RECONOCE Y ACEPTA ESOS DONES Y TALENTOS COMO TU HERENCIA DIVINA, SON TUYOS TE PERTENECEN, RECLÁMALOS AHORA Y ACTÍVALOS, SON TUS HERRAMIENTAS PARA VENCER CUALQUIER OBSTÁCULO. TÚ TIENES EL PODER AQUÍ Y AHORA, VOY A TI, TU PUEDES, TÚ LO MERECES.

TU ESPEJO
Lyvia E. Morales

En la encuesta que yo realicé, una de las preguntas decía: ¿Crees que estás libre de pensamientos de limitación o escasez?
El 50% dijo que Sí y el 50% dijo que NO.
Mi percepción con relación a esta pregunta es que hay muchas personas con pensamientos de escasez y limitación. Se sienten limitados a buscar oportunidades, quizá no conocen la importancia que tiene una mente abierta y respectiva a obedecer nuestros pensamientos positivos y dejar atrás los pensamientos limitantes o negativos. Debemos tener siempre pensamientos de abundancia y prosperidad.

Estas ideas son tu pasaporte a la prosperidad:

Aquiétate, aquiétate, aquiétate
Dios en ti es substancia
Dios en ti es amor
Dios en ti es sabiduría

Del libro "Creciendo en Prosperidad"
Stretton Smith

CAPÍTULO 3

¿QUÉ ES LA ABUNDANCIA?

"El Señor es mi pastor,
nada me faltará"
(Salmo 23:1)

El término abundancia, según el diccionario es la realización de una gran cantidad de cosas, el término permite nombrar a la prosperidad, riqueza o bienestar.

"Piense bien y el bien seguirá, piense mal y el mal seguirá". Debemos tener pensamientos libres e ilimitados, cada pensamiento es un paso ya sea a aquello que queremos o aquello que no queremos. Nosotros somos los únicos responsables de cualquier carga emocional que nos impida que disfrutemos de verdadero gozo. Puede ser que tengamos muchos resentimientos, quizá no sea fácil reconocer esos resentimientos, podrían ser resentimientos contra nuestros padres, contra un ex cónyuge, contra un hijo, o hasta con un familiar. Y es ese resentimiento el que está bloqueando su prosperidad. Los resentimientos bloquean la prosperidad.

Cuando empecemos a ser capaz de admitir que no tenemos poder contra esos resentimientos, sobre nuestra vieja consciencia, contra nuestras viejas creencias, en ese momento empezaremos a coger control de nuestra vida, para poder transformarla y liberarnos de viejos resentimientos.

Podría ser difícil para nosotros admitir que no podemos manejar o controlar nuestra vida exitosamente, pero mientras más pronto podamos admitirlo y comprenderlo, más pronto llegaremos a darnos cuenta que si le permitimos a Dios manejar nuestras vidas, el creará una muy hermosa. Dios creará paz, amor, alegría

41

y diversión en nuestras vidas y abundancia en toda área de ella.

Contémplate viviendo en la abundancia hacia ti. Siempre funcionará para todas las personas. Si pensamos que vivimos en abundancia estamos determinando consciente y poderosamente nuestras vidas a través de la ley de la atracción.

Es así de fácil.

Luego nos preguntamos, ¿por qué no viven todas las personas la vida de sus sueños? La única razón por la que las personas no obtenemos lo que queremos es porque pensamos más en lo que no queremos que en lo que queremos. Debemos escuchar nuestros pensamientos y nuestras palabras. La ley es infalible y no comete errores.

"Este es el problema, la mayoría de las personas piensan en lo que no quieren y no dejan de preguntarse por qué se manifiesta una y otra vez" (John Assaraf)

"Así mismo el reino de los cielos es semejante a una red que, echada al mar, recoge toda clase de peces, cuando está llena, la saca a la orilla y se sienta y recoge lo bueno en cestas, y hecha fuera lo malo" (Mateo 13:47-48)

"Nuestra mente es verdaderamente una red de ideas, recogiendo toda clase de pensamientos, así como las olas en el océano suben y rompen sobre la playa, así las ideas fluyen a través de la red de nuestra mente"

"Él entonces le dijo: "Hijo, tú siempre estás conmigo y todas mis cosas serán tuyas" (Lucas 15:31)

El mundo y todo lo que hay en él ha sido creado para que lo experimentemos y lo disfrutemos. La bondad de Dios está por donde quiera que miramos, está en la belleza de la naturaleza, en la sonrisa de un ser querido y hasta en gozo de un niño feliz.

La abundancia siempre está disponible para nosotros, Mi mente y mi corazón siempre están llenos de abundancia.

Me siento feliz en vivir en la consciencia de la abundancia de Dios. Doy gracias por las personas y experiencias que me bendicen y hacen mi vida rica y plena, me alegro de los logros y bendiciones de otras personas.

"Si en lo ajeno no fuisteis fieles,
¿quién os dará lo que es vuestro?"
(Lucas 16:12)

Al mirar a mi alrededor la abundancia de la naturaleza me deleita, veo belleza en cada hoja y en cada flor o criatura. Siento gratitud por mi provisión en este mundo maravilloso. La vida está llena de consecuencias tanto grandes como pequeñas. Todo pensamiento que tenemos, toda oración que hagamos y cada acción que tomamos tienen una influencia poderosa en nuestras vidas y en las vidas de las personas alrededor. "Usted no trate de hacerlo, ¡lo hace!"
(Charles Filmore)

Puede ser difícil para aquellas personas que se han apegado a las cosas materiales, darse cuenta de que existe una vida invisible real y una substancia que es mucho más substancial y real que la material: "PROSPERIDAD".

A todos se nos ha dado poder espiritual para crear nuestro propio mundo material desde adentro hacia afuera. De hecho lo hemos creado y lo estamos creando. El mundo que nos rodea fuera cual fuere, nosotros lo creamos. También creamos los mundos intangibles del amor, la belleza, la sabiduría, la paz, además de la salud de nuestra propia vida.

Nosotros somos los creadores en este mundo de expresión personal, además de nuestro mundo material... A nosotros se nos ha dado el poder de imaginar y el poder de creer, el poder de la oración, el poder del pensamiento recto, para crear el mundo que deseamos. Nosotros deseamos una trascendencia sobre nuestro pequeño yo, y deseamos transfórmanos en quien realmente somos. Para lograr esto debemos enfrentarnos cara a cara con nuestra propia alma, que es la esencia de quien estamos expresando. Sólo este vehículo de nuestra personalidad, no sólo nuestro cuerpo, no sólo esta máscara que usamos, sino quienes somos realmente.

Sócrates creía que las dos palabras más importantes del idioma eran "Hombre--conócete".

Una transformación de conciencia no es tratar de ser otra persona, es ser quienes realmente somos, esa magnífica persona que somos.

¿Cómo se hace uno puro de corazón?

¿Acaso el ser puro de corazón tiene que ver con una conciencia de prosperidad?

"Puede apostar que sí".

En el Padre nuestro claramente dice:
"perdónanos nuestras deudas como nosotros hemos perdonado a nuestro deudores".
(Mateo 6:16)

En esta afirmación nosotros estamos reconociendo nuestras deudas y también las deudas de otros que hemos mantenido en conciencia. Debemos disolver toda idea de deudas antes de tener ideas de prosperidad. No se pueden tener ideas de deudas y de prosperidad al mismo tiempo. ¡La prosperidad no acepta deudas!

Si usted tiene la idea de que usted ofendió a alguien alguna vez, y no lo ha liberado por medio del perdón-o-si usted tiene la idea en mente de que alguien, alguna vez lo ofendió a usted y no lo ha liberado por medio del perdón: usted está limitando su habilidad de darle forma a la substancia. Está bloqueando la expresión de la abundancia y la prosperidad en su vida, está bloqueando la habilidad de sentirse valioso y merecedor.

Podemos estar produciendo fruto no deseado, de acuerdo con las ideas, semillas que mantenemos en la mente, semillas de rencor, semillas de desprecio, semillas que están produciendo fruto no deseado. Estas son semillas que hay que sacarlas de raíz. Algunas de estas semillas de pensamiento están enterradas en lo profundo de nuestro subconsciente y se requiere mucho escarbar para llevarlas al mundo de lo consciente.

San Juan lo dijo de la siguiente manera: "Si alguien dice, "yo amo a Dios", y odia a su hermano, es un mentiroso".

No se puede tener dos ideas opuestas, pensamientos de amor hacia Dios y pensamientos de desamor hacia otra persona al mismo tiempo. Debemos descubrir quien realmente somos y descubrir la maravilla de nuestro propio ser. Debemos comenzar la reforma con nosotros, como bien dijo Sócrates "…conócete"

"Me acepto tal como soy", parece contradictorio, pero lo curioso es que cuando nosotros nos aceptamos tal y como somos podemos cambiar.

Yo estoy segura de que cuando nosotros podemos aceptarnos a nosotros(a) mismos exactamente así como somos, podemos comenzar a amarnos, porque la aceptación es la mejor forma de amor que existe. Debemos ser nuestros propios observadores de nuestros defectos de carácter y de nuestras características positivas.

Ernest Holmer escribió de cerrar la mente y el corazón por medio de la condena, con estas palabras:

"La mente que condena no comprende la verdad del ser y el que cierra su corazón al que ha cometido un error estrangula su propia vida, cerrando sus ojos a una más alta visión".

Cuando condenamos, cerramos la expresión del bien en nuestra vida.

Hemos sido creados con nuestro propio potencial divino y equipados con el poder de poder cumplir ese potencial con experiencias de vida próspera. La abundancia del universo está en nuestro interior cuando veamos que nosotros mismos y el mundo estén con una consciencia recta.

Lo que determina nuestra prosperidad es nuestra manera de pensar, sentir y actuar habitualmente, durante cada uno de nuestros días.

Somos los amos herederos del reino, la prosperidad es nuestro derecho de nacimiento y tenemos la llave para la abundancia en todas las áreas de nuestras vidas. Nos merecemos todas las cosas buenas que deseamos y el universo nos lo concederá, pero debemos invocarlo en nuestras vidas.

Tenemos la llave que son los pensamientos y sentimientos que hemos tenido siempre durante toda nuestra vida.
Según la encuesta que yo realicé con relación a la pregunta, ¿Tú crees que la abundancia hace la felicidad?

Un 36% contesto que Sí y un 64% contesto que NO.

Según mi propio criterio con relación a la encuesta, estoy de acuerdo con el 36% , porque como yo digo en este capítulo, si nos contemplamos viviendo en la abundancia estamos determinando consciente y poderosamente la ley de la atracción y por consiguiente vamos a lograr que todos nuestros sueños se hagan realidad. Y si nuestros sueños se realizan, vamos a estar tranquilos económicamente, felices y con una paz espiritual.

También para estar felices y con una paz espiritual debemos saber quiénes somos, y reconocer nuestros viejos resentimientos y perdonar.

CAPÍTULO 4

LA LEY DEL MENOR ESFUERZO

La inteligencia de la naturaleza funciona sin esfuerzo con despreocupación, armonía y amor.

"Cuando enlazamos las fuerzas de armonía, felicidad y amor,
creamos éxito y buena fortuna sin esfuerzo"
(Deepak Chopra)

La ley del menor esfuerzo está basada en el hecho de que la inteligencia de la naturaleza humana, funciona sin esfuerzo, total entrega y despreocupación. Este es el principio de la acción mínima, de la no resistencia. Es por lo tanto el principio de armonía y amor. Cuando aprendamos esta lección de la naturaleza, realizamos nuestros deseos con facilidad.

La naturaleza utiliza el menor esfuerzo para trabajar. El pasto no trata de crecer, simplemente crece, los árboles no tratan de crecer, simplemente crecen, Las aves no tratan de volar, simplemente vuelan, los caballos no tratan de correr, simplemente corren.

Esta es su naturaleza intrínseca, la tierra no trata de girar contra su propio eje: la naturaleza de la tierra es girar a una velocidad vertiginosa y precipitarte por el espacio. La naturaleza humana es de manifestar de una manera fácil y sin esfuerzo nuestros sueños para que se conviertan en forma física.

En la Ciencia Védica, la filosofía antigua de India, este principio es conocido como el principio de "Economice Esfuerzo" o "Haz menos y logra más". Al final llegas al estado donde no haces nada y logras todo. Esto quiere decir que con una sola ligera idea, ésta se manifiesta sin esfuerzo. Lo que comúnmente se conoce como "milagro" es realmente una expresión de la Ley del

Menor Esfuerzo.

La energía del amor es la que sostiene la naturaleza, por esta razón gastas menos energías cuando tus acciones están motivadas por el amor. Cuando buscas poder y control sobre la gente, gastas energía. Cuando buscas dinero o poder para satisfacer tu ego, gastas energía persiguiendo la ilusión de la felicidad en vez de disfrutar la felicidad del momento. Detienes el flujo de energía hacia ti mismo cuando buscas dinero para satisfacer tu ego personal e interfieres con la expresión de la inteligencia de la naturaleza. Pero no hay desperdicio de energía, cuando tus acciones están motivadas por amor. Tu energía se acumula y se multiplica y el excedente de energía que acumulas y disfrutas puede ser canalizado para crear cualquier cosa que tú quieras, esto, incluyendo riqueza ilimitada, cuando tus emociones están motivadas por amor.

Si sabes cómo generar, almacenar y gastar energía de una manera eficiente, entonces puedes crear cualquier cantidad de riqueza. La atención al ego es la que consume la mayor cantidad de energía. Tu punto de referencia es el ego, gastas y desperdicias energía de manera inútil cuando buscas tener poder o control sobre otra gente o buscas aprobación de otros.

Cuando tu punto de referencia interna es tu Espíritu, cuando no le temes a ningún reto, y eres inmune a la crítica puedes enlazarte al poder del amor, y usar la energía con creatividad para la experiencia de afluencia y evolución.

En El Arte de Soñar, Don Juan le dice a Carlos Castañeda, "la mayoría de nuestra energía se va en sostener nuestra importancia. Si fuéramos capaces de perder un poco de esa importancia, dos cosas extra-ordinarias nos sucederían. Una, liberaríamos nuestra energía de tratar de mantener la idea ilusoria de nuestra grandeza y dos, nos daríamos suficiente energía para captar un destello de la actual grandeza del Universo".

Hay tres componentes para poner este principio "haz menos y logra más".

l. Aceptación: simplemente significa que harás un compromiso: "Hoy aceptare a la gente, situaciones, circunstancias y eventos tal como ocurran". Esto quiere decir que tu aceptación de este momento es total y completa, puedes desear que las cosas en el futuro sean diferentes, pero en este momento debes de aceptar las cosas como son.

2. Responsabilidad: No culpar a nada, ni a nadie por tu situación, incluyéndote a ti mismo. Cuando aceptas las circunstancias, este evento, este problema, responsabilidad entonces representa la habilidad de tener una respuesta creativa como se presenta a la situación ahora.

3. Ser indefenso: quiere decir que tu atención está puesta en el no defenderte, y que has renunciado a la necesidad de convencer a otros de tu punto de vista. Renuncia totalmente a defender tu punto de vista. Cuando no tienes ningún punto que defender, no permites que se inicien discusiones. Si haces esto constantemente ---si dejas de pelear y poner resistencia, podrás experimentar el presente de manera total, lo que es un regalo.
Alguien dijo alguna vez: "el pasado es historia, el futuro es un misterio y este momento es un regalo", es por eso que a este momento se le llama presente"

-Tus sueños y deseos fluirán con el deseo de la naturaleza cuando te mantengas abierto a todos los puntos de vista. Entonces puedes liberar tus intenciones, sin apego, y simplemente esperar la estación aprobada para que tus sueños se conviertan en realidad. Puedes estar seguro que cuando el momento sea adecuado, tus deseos se manifestarán.

Cómo aplicar la Ley del Menor Esfuerzo:

l. Practicaré aceptación: hoy aceptaré a la gente, situaciones, circunstancias y eventos como ocurran.

2. Habiendo aceptado las cosas como son, tomaré responsabilidad por mi situación y por todos aquellos eventos que yo perciba como problemas.

3.   Hoy mi consciencia se mantendrá establecida en la no defensa. Me mantendré abierto a cualquier punto de vista y no me apegaré con rigidez a ninguno de ellos.

CAPÍTULO 5

El PODER DE LA DISCIPLINA

"Estoy convencido de que en este día somos dueños de nuestro destino, que las tareas que se nos han impuesto, no es superior a nuestras fuerzas, que sus acometidas no están por encima de lo que pueda soportar. Mientras tengamos fe en nuestra causa y una indeclinable voluntad de vencer, la victoria estará a nuestro alcance"
(Winston Churchill)

Debemos de saber que el jardín de la mente es una mina de poder y potencialidad. Es muy importante, tener un propósito claro en la vida y la efectividad de marcarse propósitos en la vida. Para mantener una voluntad fuerte es esencial ofrecer pequeños tributos a la virtud de la disciplina personal. Convertidos en algo rutinario estos actos van aglutinándose hasta producir finalmente una gran fuerza interior. Hay un viejo proverbio africano que los explica mejor: "varias telarañas unidas pueden atrapar un león". Si liberas tu fuerza de voluntad te convertirás en dueño de tu mundo personal. Cuando practiques continuamente el viejo arte del autodominio no habrá obstáculo ni crisis que no puedas superar. La autodisciplina te proporcionara las reservas mentales requeridas para perseverar para cuando la vida te ponga a prueba.

"La fuerza de voluntad es una enfermedad mental". Si padeces de esta debilidad, procura ponerle solución cuanto antes. La abundancia de fuerza de voluntad y disciplina es uno de los principales atributos de todos aquellos con carácter fuerte y una vida maravillosa. La fuerza de voluntad te permite hacer lo que dijiste que harías. Levantarte a las cinco de la mañana para cultivar tu mente mediante la meditación o alimentar tu espíritu con un paseo por el bosque cuando la cama te reclama en un día frío de invierno. Es la fuerza de voluntad lo que te permite

51

contener la lengua cuando alguien te insulta o hace algo con lo que no estás de acuerdo, lo que impulsa tus sueños cuando las alternativas parecen estar en contra, lo que te da fuerza interior para ser fiel a tus compromisos para con los demás, y, sobretodo, para contigo mismo.

Todo esto es muy importante pues es la virtud esencial que se ha creado una vida llena de pasión, potencialidad y paz.

Palabras de apoyo para cuando la situación se pone difícil o te consuelen en momento de apuro:

Mediante el acero de la disciplina, forjarás un carácter colmado de corajes y de paz, mediante la virtud de la voluntad, estás destinado a alcanzar el más alto ideal de la vida, y a vivir en una mansión celestial llena de cosas buenas, de vitalidad y alegría.

Sin ello estás perdido como un marino sin brújula, ese marino que al final se hunde con su barco.

Cualquier persona, por más débil o aletargada que pueda estar ahora, puede ganar en disciplina en un plazo relativamente corto, Gandhi es un buen ejemplo. Cuando la gente piensa en este santo moderno, suele recordar a un hombre que estaba semanas sin comer y soportar tremendos dolores en aras de sus convicciones. Pero si estudias la vida de Gandhi, veremos que no fue un maestro del autodominio. En su época de abogado en Sudáfrica, era propenso a arranques y exabruptos y fue el adiestramiento, la fuerza de voluntad y la disciplina los que le dieron la fuerza y la grandeza que él poseía.

Uno de los principios fundamentales es que las personas realmente esclarecidas nunca buscan ser como otros, sino que persiguen ser superior a su propio yo. No podemos competir con los demás, tenemos que competir con nosotros mismos.

"Cuando tengas autodominio dispondrás de fortaleza para hacer lo que siempre habías querido hacer y podrás alcanzar tus sueños".

"Todos tus sueños estarán a tu alcance cuando cultives las reservas dormidas de tu fuerza de voluntad".

"Dotar a tu vida de autodominio y disciplina te dará también una intensa sensación de libertad". Eso, ya solo, cambiará las cosas.
La mayoría de las personas goza de independencia para ir a donde quiera y hacer las cosas que le gusta hacer, pero muchas son esclavas de sus impulsos.

Se han vuelto reactivas en vez de productivas; esto es, son como la espuma del mar, golpeando un acantilado a merced de las mareas. Si están con la familia y alguien del trabajo telefonea diciendo que hay problemas, salen pitando de la casa sin saber qué actividad es más crucial para el conjunto de su bienestar y para el propósito de sus vidas.

Esas personas tienen autonomía pero carecen de libertad; carecen del elemento clave para una vida llena de significado: la libertad para ver el bosque, además los árboles, la libertad para escoger lo que es justo por encima de lo que es apremiante.

La libertad es como una casa: se construye ladrillo a ladrillo, el primer ladrillo que deberías poner es la fuerza de voluntad. Es la virtud que te inspira a hacer lo correcto en cada momento. Te da la energía para obrar con coraje, te da el control para vivir la vida que has imaginado, en vez de aceptar la vida que llevas.

Los beneficios prácticos que se derivarían de cultivar la disciplina:
Desarrollar el poder de tu voluntad puede borrar el hábito de preocuparte, mantener tu salud y tener más energía de la que has tenido nunca.   El autodominio no es sino control de la mente. La voluntad es la reina de los poderes mentales.

Cuando dominas tu mente, dominas tu vida. Para dominar la mente hay que empezar siendo capaz de controlar todos y cada uno de los pensamientos. Cuando hayas desarrollado la habilidad de descartar, todo será bueno y positivo. Pronto atraerás a tu vida las cosas que son buenas y positivas. ¿Por qué tanta gente se preocupa y solo piensa en la información negativa que el mundo,

nos da?
*Porque no han aprendido el arte del autocontrol y el pensamiento disciplinado.

*La mayoría de las personas no tienen la menor idea de que poseen el poder de controlar todas y cada una de las cosas que piensan, en cada momento de cada día de sus vidas.

*Creen que los pensamientos ocurren y que jamás han reparado en que si no te das tiempo para controlarlos, tus pensamientos te dominarán. Cuando empieces a concentrarte solamente en pensamientos positivos, rechazando los negativos a fuerza de voluntad, te aseguro que los pensamientos malos se marchitarán enseguida.

Si quieres ser capaz de levantarte temprano, leer más, comer menos, preocuparte menos, ser más paciente o ser más afectuoso lo único que tienes que hacer es emplear la fuerza de voluntad para limpiar tus pensamientos.

El que controla sus pensamientos, controla su mente. Cuando alcanzas la fase de controlar totalmente tu vida, te conviertes en dueño y señor de tu destino.

Para aumentar la fuerza de voluntad y la fortaleza interior primero debes ponerla en práctica. Cuando más ejercites el embrión de la autodisciplina, más rápidamente madurará y te dará los resultados que deseas obtener.

Otro de los ejercicios es estar un día entero sin hablar. Los monjes tibetanos que popularizaron esta práctica creían que estar callados durante un periodo largo de tiempo tenía el efecto de reforzar la propia disciplina.

Guardando silencio durante un día, lo que haces básicamente es condicionar tu voluntad para que haga lo que tú le ordenes... Cada vez que surge la necesidad de hablar, refrenas ese impulso y te quedas callado. Tu voluntad no tiene una mente propia, espera a que tú le des instrucciones que la hagas ponerse en movimiento. Cuando más poder ejerces sobre ella más poderosa puede llegar a ser. El problema es que la mayoría de la gente no utiliza su fuerza de voluntad.

El "ímpetu" es también el ingrediente necesario para la autodisciplina. Empieza poco a poco, ya sea, levantándote más temprano, dando un corto paseo cada noche o simplemente apagando el televisor cuando ya sabes que tienes bastante; Esas pequeñas victorias crean ese imperio que te animan a dar pasos más largos en la senda de tu voz superior. Al poco tiempo estarás haciendo cosas que jamás habías creído ser capaza de hacer, con un vigor y una energía que desconocías en ti.

* La disciplina se logra realizando completamente pequeños actos de coraje.

* Para que madure el embrión de la autodisciplina hay que alimentarlo.

* La fuerza de voluntad es la virtud esencial de una vida realizada.

"La lengua de los sabios es medicina"
Proverbios 12:18.

CAPÍTULO 6

ENCENDER EL FUEGO INTERNO

Confía en ti mismo. Crea el tipo de vida que te gusta vivir a lo largo de tu vida. Aprovecha el máximo de ti mismo atomizando las diminutas chispas interiores de posibilidades para que sean llamas.

Vivimos en un mundo atribulado. Lo negativo lo invade todo y en nuestra sociedad muchas personas flotan como barco sin timón, almas cansadas en busca de un faro que les impida estrellarse contra las rocas de la costa.

Hay una regla muy sencilla, el que más sirve más cosecha, emocional, física, mental y espiritualmente. Lo hermoso de todo esto es que mientras más te afanas en mejorar las vidas de otras personas, la tuya propia se eleva a las más altas dimensiones. Es una verdad basada en un viejo paradigma para la vida extraordinaria. Este es el camino hacia la paz interior y la realización exterior.

¡La gente que estudia a los demás es sabia y la que se estudia a sí misma es esclarecida!

La mente es como un fértil jardín, que para que florezca debes nutrirla cada día.

No permitas que la mala hierba de los pensamientos y los actos impuros invada ese jardín, Monta guardia en las puertas de tu mente. Mantenla en forma, si tú se lo permites, ella te dará frutos maravillosos.

Los verdaderamente esclarecidos saben lo que quieren obtener de la vida, material, física y espiritualmente. Definir claramente tus prioridades, jugara un papel importante en cada aspecto de tu vida. Cualquiera puede revolucionar su vida, si primero revoluciona la dirección hacia la que se mueve. Pero si no sabes siquiera a dónde vas ¿Cómo sabes que has llegado?

La vida es extraña. Cabría pensar que cuanto menos trabaja uno más posibilidad tiene de experimentar la felicidad. Sin embargo, la verdadera fuente de la felicidad puede concretarse en una sola palabra: realización. La felicidad duradera se consigue trabajando constantemente para alcanzar tus objetivos y avanzar en la dirección que te has fijado. No hay otro secreto para atizar el fuego que tienes agazapado dentro de ti.

Como dijo Benjamín Diaraeli: "El secreto del éxito es la constancia en los propósitos"

La felicidad que estás buscando vendrá a través de los objetivos que te hayas marcado de las medidas que tomes a diario para conseguirlos.

La gente se pasa la vida soñando con ser más feliz, vivir con más vitalidad y tener abundancia de pasión y dinamismo. Pero no ven la importancia de invertir aunque sea diez minutos al mes en escribir cuáles son sus metas y pensar en el significado de sus vidas. Fijarte objetivos cambiará radicalmente tu vida.

Fijarse los sueños en realidades.

Cada uno de nosotros tiene unos sesenta mil pensamientos al día por término medio. Anotando tus deseos y objetivos en un papel lo que haces es hondear una bandera roja para que tu subconsciente sepa que este pensamiento es más importante que los otros 59,999. Tu mente empezará a buscar la realización de tu destino como si fuera un misil, es un proceso científico, La mayoría de las personas no están conscientes de ello.

A partir de ahora empieza a concretar tu objetivo en la vida.

Despierta tu mente a la abundancia de posibilidades.

Empieza a vivir con más entusiasmo. La mente humana es el

mejor filtro. Si se usa adecuadamente, descarta lo que percibes como no importante y te da solamente la información que estás buscando. Hay muchas cosas a las que no prestamos atención. Por ejemplo, la risa de unos enamorados mientras pasean por la calle, ese pez que hay en la pecera que tienes detrás, el aire frío que sale del acondicionador, los latidos de tu corazón. Del mismo modo cuando decides concentrar tu mente en los objetivos de tu vida, la mente empieza a descartar lo que no importa para centrarse solo en lo importante.

Recuerda que un objetivo no es tal si no lo anotas por escrito.

Para ver tus objetivos realizarse te recomiendo prepares tu "Cuaderno de Sueños".

Te bastará con una libreta de espiral, en una carpeta o cartulina puede ser también y anota en ésta todos tus deseos, objetivos y sueños. Es una forma de conocerte a ti mismo. La mayoría de la gente no se conocen, no se han tomado el punto de analizar sus flaquezas, metas, no es únicamente para los que viven en un mundo lleno de atractivos materiales. Cualquiera que desee mejorar la calidad de su mundo interior y exterior hará bien en ponerse a escribir sus objetivos. Es a partir de ahí que entrarán en funcionamiento fuerzas naturales que irán transformando.

Según los chinos tres son los espejos que forman la imagen de una persona:

1. Cómo se ve uno mismo

2. Cómo te ven los otros

3. Refleja la verdad---conócete a ti mismo—conoce la verdad

Divide el cuaderno en secciones independientes, según las distintas áreas de tu vida.

Por ejemplo, podrías tener secciones para anotar tus objetivos.

- Anotar punto, objetivos financieros, objetivos sociales y de relación y tal vez lo más importante objetivos espirituales.
- Puedes incluir imágenes de las cosas que deseas, imágenes de personas que hayan cultivado los talentos y habilidades que tú esperas emular.
- Si quieres perder peso y estar en forma, pega una foto en tu cuaderno de un corredor de maratón.
- Si sueñas con una mansión frente al mar o un coche deportivo, busca imágenes inspiradoras y úsalas en tu libro de tus sueños.
- Debes de establecer un compromiso y unas metas fijas la manera de ser, cómo lo vas a lograr, qué vas hacer para obtenerlo y la fecha para cuando lo quieres lograr.

Ejemplo: Si quieres ir a un crucero:

- Maneras de ser: Feliz, familiar, valiente, arriesgada, enfocada, etc.

- Hacer: Ahorrar dinero, hacer un compromiso, llamar a la línea de crucero, ahorrar $100.00 mensuales etc.

- Tener: El viaje al crucero, disfrutar de los "shows" y de todas las comidas, visitar las distintas islas y relajarse.

- Fecha: Establecer una fecha fija para saber cuándo quieres lograrlo, día, mes y hora.

Revisa el cuaderno cada día aunque sea unos minutos, conviértelo en tu amigo, te sorprenderás los resultados.

- La palabra "Pasión" se trata del término que debes tener siempre en un plano, es lo que mejor puede impulsar tus sueños. En nuestra vida hemos perdido la pasión, una pasión por la vida. Reclama la alegría de despertar cada mañana lleno de energía y júbilo. Inyecta el fuego de la pasión a todo aquello que hagas. Pronto cosecharás recompensas tanto materiales como espirituales.

La enseñanza:

- El propósito de la vida es una vida con propósito
- Conócete a ti mismo
- Descubrir y luego llevar a cabo la meta de tu vida
- Tener el valor de obrar en consecuencia

CITA VALIOSA:

Nunca olvides la importancia de vivir con júbilo desbordante.

Nunca olvides la exquisita belleza de todas las cosas vivas.

Hoy es el momento que compartamos, es un regalo.

El Universo se encargará de todo lo demás.

Educa tu mente y tus oídos a la
Instrucción y a los conocimientos
(Proverbio 23-24)

CAPÍTULO 7

PODEMOS VER EL "FRACASO" DE UN MODO "POSITIVO"

"Confía en Jehová y haz el bien
Y ÉL te concederá las peticiones de tu corazón"
(Salmo 37:3-4)

Una de las ideas básicas de la Verdad Consiste en que "Cosas pueden suceder
A tú alrededor y cosas te pueden pasar a ti. Mas lo único que realmente importa es
Lo que sucede en ti"
(Eric Butterworth)

Fracaso, según el Diccionario: Suceso adverso e inesperado. Puede hacer referencia a la frustración. Cuando se malogra una pretensión o un propósito.

El triunfador es aquella persona que no permite que las personas o condiciones decidan cómo va a pensar o actuar.

Tal vez te arriesgaste a poner un pequeño negocio, este no triunfó y tuviste que ejecutar una hipoteca. Esta situación puede ser frustrante para ti y quizás te deje con miedo al fracaso, esto te puede dejar con una baja autoestima. Pero éste no tiene que ser el resultado. Tú tienes el poder de darle un sentido positivo a esta experiencia. Tú puedes escoger, puedes determinar que el fracaso aparente es un aspecto importante de tu crecimiento y que éste te ofrece madurez y aprendizaje.

Con relación a esta situación de fracaso, yo personalmente experimente una situación similar, mi esposo había edificado un negocio que tuvo mucho éxito al principio, pues era una fábrica de hacer casas de Asbesto Cemento (es un producto que se usa para elaborar materiales de construcción). Todo iba muy bien hasta que salió la noticia en los periódicos que el Asbesto cemento era un material que daba cáncer. Todo el proyecto se fue al piso, hubo que cerrar la fábrica. En conclusión, se cancelaron todos los contratos para las casas, hubo que devolver el dinero a los clientes, todo fue un desastre.

Nos ejecutaron la casa, pues mi esposo había refinanciado la casa para montar la fábrica, también perdimos los carros. La situación fue frustrante en el momento, pero yo le hice ver a mi esposo que esto, a pesar de que no era fácil, no era nada de vida o muerte pues todo esto era material y las cosa materiales se consiguen otra vez. Esta experiencia o fracaso nos sirvió de crecimiento, madurez y de aprendizaje.

A pesar de la poca madurez que teníamos, y con tres hijos pequeños, empezamos de nuevo desde abajo pero con la frente en alto y con muchos más deseos de triunfar y lo logramos, no fue fácil, pero tampoco fue imposible. Estábamos bien claro en lo que queríamos, y al año ya mi esposo tenía otro negocio, habíamos comprado una casa y los carros.

Cuando uno tiene el deseo y el coraje de triunfar y esté bien claro en sus sueños y sus objetivos y mucha fe en Dios nada ni nadie te puede detener. Solo tus pensamientos negativos te detienen. No podemos tener ninguna experiencia positiva hasta central los pensamientos en lo que queremos, si mantenemos ese enfoque estamos invocando la fuerza más poderosa del Universo la Ley de la Atracción.

"Lo importante no es cuantas veces te caes, sino cuántas veces te levantas"

¿Verdaderamente es el fracaso un verdadero fracaso?

El fracaso no tiene que ser una cosa mala. Thomas Edison fracasó cientos de veces. Él era un científico y un investigador y dijo que "el investigar es el arte que nace de la insuficiencia de éxito".

Podemos pensar que todo está bien por hoy, pero como nos afectan las pérdidas y los fracasos del pasado. Quizás digas. "No puedo tener el control sobre mi pasado", pero ¿qué hay con las pérdidas y los fracasos del pasado?

No podemos vivir en el pasado, el pasado es pasado, no importa cuán grande es tu deseo de luchar, no podrás vivir el pasado de nuevo, pero nuestros pensamientos y memorias de nuestro pasado siempre van a estar presente y los podemos transformar.

Evite decir "Si Hubiera".

El maestro en filosofía Jim Rohn dice, *"existen dos dolores importantes en la vida: uno es el dolor de la disciplina, el otro es el dolor del arrepentimiento"*.

La disciplina pesa kilos enteros, pero el arrepentimiento pesa toneladas. Cuando permitimos que la vida pase sin logros, cuando pasen unos años no querrá ver el pasado y decir: si hubiera ido a ese taller de negocios, si hubiera estado más tiempo con mis hijos, recuerde es su elección. Por último usted es el único responsable por todas sus elecciones que haga, así que su elección debe ser sabia.

Comprométase ahora a establecer metas que le garanticen la libertad y éxitos futuros.

Seis ESTRATEGIAS para tener confianza en sí mismo:

1. Recuérdese cada día que hizo bien algunas cosas.
Reconozca sus logros, sus habilidades, reconozca que usted es un ser valioso y especial.
Motívese al principio y al final del día.

2. Lea biografías y autobiografías que le inspiren, lea libros que lo motive, vea documentales, escuche cintas de audio. La vida no tiene motivo de ser, si no hay retos. Cuando enfrentamos los retos

con acciones, aumenta nuestra confianza por los desafíos de la vida. Debemos mantener una actitud correcta   .

3. Sea agradecido: Si miramos para atrás siempre podemos ver que alguien que está peor que nosotros, si lo duda ofrézcase como voluntario en los hospitales de niños con cáncer. Ponga las cosas en perspectiva.

4. Consiga el mejor apoyo del entorno, mantenga relaciones estables. No permitan que lo detengan, ni lo interrumpan.

5. Las metas que se fije deben ser a corto plazo, haga como los bebés, de un paso a la vez. Es importante escribir sus metas y sus sueños. Mantenga sus pensamientos positivos con una mente abierta a recibir todo lo que el Universo tiene para ofrecerle.

NO TE DETENGAS

PIENSA QUE CADA DÍA ES EL MAS IMPORTANTE Y
ENTRÉGALE
TU FUERZA Y DESEOS, LO QUE HOY NO CONSEGUISTE, CON
ÁNIMO Y CARIÑO LO PODRÁS LOGRAR MAÑANA NO BAJES
LA MIRADA, Y HABRÁ SIEMPRE
UN MAÑANA, UN SUEÑO QUE SEGUIR, UNA ESPERANZA
SI ALGUNA VEZ TU SUEÑO SE DERRUMBA
BUSCA UN POCO DE LUZ EN TU VENTANA,
PROMÉTETE A TI MISMO UN ARCOIRIS
Y VUELVE A COMENZAR.
NO TE DETENGAS, CONSTRUYE NUEVOS
SUEÑOS PIENSA SIEMPRE QUE EN TU CAMINO
NADA ES IMPOSIBLE

(Anónimo)

"Todo tiene su tiempo y todo lo que se quiere debajo
Del cielo tiene su hora
Tiempo de plantar y tiempo de arrancar lo plantado"

(Eclesiastés 3:12)

En la encuesta que yo realicé, la pregunta número 2 dice:
¿Te sientes derrotado cuando una puerta se cierra en tu vida?

Sí ---------76----------45%
No---------83---------- 55%

El 45% de las personas contestó que sí, yo considero que de acuerdo a este por ciento tan alto se puede percibir que hay muchas personas que carecen de seguridad en ellas mismas. No saben lo que quieren, ni hacia donde van, y se rinden en el primer fracaso. No tienen perseverancia.

CAPÍTULO 8

LA LEY DEL "DHARMA'
O
PROPÓSITO EN LA VIDA

Todos tenemos un propósito en la vida
Un don único o talento especial para darle a otros.
Cuando combinamos este talento único con
el servicio a otros, experimentamos el éxtasis y la
exaltación de nuestro propio espíritu, que es la
meta final de nuestras metas.
(Deepak Choppra)

Cuando trabajas eres una flauta cuyo corazón es convertido en
música
Por el murmullo de las horas… ¿Y qué es trabajar con amor?
Es tejer la tela con hilos extraídos de tu corazón, aun, cuando
Tu amado fuera a usar esa prenda
(Kalil Gibran, El Profeta)

Dharma en Sánscrito quiere decir, "Propósito en la vida manifestado".

La ley del Dharma dice que nos hemos manifestado en forma física para cumplir un propósito. El campo de potencialidad pura es la divinidad en esencia, lo divino toma la forma humana para cumplir su propósito.

De acuerdo a esta ley todos tenemos un talento único y una manera única para expresarlo.

69

Tenemos necesidades únicas, que nosotros podemos hacer mejor que cualquier otra persona en este mundo.

Cuando combinamos esta necesidad de expresión creativa de nuestro talento, crearemos la chispa de la abundancia. Para satisfacer nuestras necesidades podemos expresar nuestros talentos y así crearemos abundancia y riqueza sin límite. Si enseñas a los niños este pensamiento desde principio, verás el efecto que tiene en sus vidas.

Cuando yo críe a mis hijos apliqué algunos de estos principios. Les enseñé a compartir, a respetar, y que fueran buenos seres humanos, que se preocuparan por estudiar, pero nunca les pedí que fueran los más sobresalientes en la escuela, pero sí que fueran disciplinados y buenos compañeros.

Que ellos eran seres únicos, ninguno era igual al otro, con características distintas siempre les enfaticé en que ellos tenían su propio talento y unas necesidades únicas para expresar y llegar a donde ellos quisieran llegar.

Que estudiaran la profesión que ellos quisieran, lo que más feliz los hiciera.

Finalmente fueron a las universidades que ellos quisieron ir y estudiaron la carrera que a ellos les gustaba.

Y al día de hoy se enfocan en por qué están aquí y que tienen que dar. Esa es la ley del Dharma.

Hay tres componentes para la Ley del Dharma:

Cada uno de nosotros está aquí para descubrir nuestro Ser superior o Ser espiritual.

1. Somos seres espirituales que hemos tomado manifestación en forma física. Somos seres espirituales que tenemos ocasionalmente experiencias humanas.

2. Expresar nuestros talentos únicos. Cada ser humano tiene un talento único.

3. Servir a la humanidad, a nuestro prójimo y hacernos las preguntas. ¿Cómo puedo ayudar a todos aquellos con los cuales entro en contacto? Cuando combinamos la habilidad de nuestro talento único en el servicio a la humanidad entonces hacemos un total de la Ley del Dharma.

4. Conectados con la experiencia de nuestra propia espiritualidad, el campo de potencialidad pura, no hay manera de que no podamos tener acceso a la abundancia ilimitada, porque esta es la única manera real por la cual la abundancia se adquiere.

5. Cuando expresamos nuestros únicos talentos de servicio y dedicación a nuestro prójimo, esto no es abundancia temporal, es permanente.

6. ¿Qué descubrimos a través de las preguntas?

7. ¿Cómo puedo ayudar? En vez de, ¿qué hay para mí?

La pregunta ¿qué hay para mí? Es el diálogo interno del ego, preguntando, ¿cómo puedo ayudar? Es el diálogo interno del espíritu.

Si queremos hacer uso máximo de la Ley del Dharma, entonces tenemos que hacer varios compromisos:

1. A través es de la práctica espiritual voy a buscar mi ser superior, qué está más allá que mi ego.

2. Voy a descubrir mis talentos únicos, y al encontrarlos voy a disfrutar de mí mismo.

3. Me voy a preguntar cuál es la mejor manera para mí de servir a la humanidad?

Contestaré esa pregunta y la pondré en práctica.

Usaré mis talentos únicos para servir a las necesidades de mí prójimo.

Cuando descubrimos nuestra dignidad, cuando encontramos nuestro talento único, podemos servir a la humanidad con él. Y así podemos generar toda la riqueza que queramos. Cuando combinamos nuestra experiencia creativa con las necesidades de nuestro, prójimo espontáneamente fluye la riqueza de lo in manifiesto a lo manifiesto, del reino del espíritu al mundo de la forma física. Comenzaremos a experimentar como una expresión milagrosa En nuestra vida todo el tiempo.

Yo hago uso de la Ley del Dharma, ayudando a mis semejantes, compartiendo con otros todo lo que poseo, sin egoísmo, ni ego. Mi propósito de vida es demostrar mis talentos para satisfacer las necesidades de otras personas, recibir todos los dones y bendiciones que Dios me brinda cada día, descubrir siempre mi divinidad, encontrar mi talento único y poder servir mejor a la humanidad, y así generar toda la riqueza que deseo.
Muchas veces un gesto aparentemente insignificante de bondad, puede tener el poder de transformar las perspectivas y las emociones de una persona. Nuestras acciones consideradas pueden revitalizar, facultar y apoyar a otros durante momentos cruciales en sus vidas. Quizás nunca sabremos el resultado, pero podemos estar seguros que nuestros pensamientos de amor, nuestras oraciones y acciones han sido una bendición.
Somos guiados de manera divina a las mejores oportunidades de amar y servir. Con cada expresión de bondad vivimos según el modelo de Jesús e impactamos significativamente las vidas de los demás.

"Vosotros me llamáis Maestro y Señor, y decís bien
Porque lo soy. Pues si yo el Señor y Maestro, he
Lavado vuestros pies, vosotros también debéis
Lavaros los pies los unos a los otros, porque ejemplo
les he dado para que, como yo os he hecho, vosotros
también hagáis"
Juan 13:13.15

CAPÍTULO 9

DESCUBRE LA MARAVILLA DE DAR

*En nuestra disposición de dar aquello que buscamos,
mantenemos abundancia del universo circulando en nuestras
vidas.*
(Deepak Chopra)

Es de suma importancia saber que esta ley podría ser llamada
Ley de Dar y Recibir. No puede tener sentido la vida para ti si no
puedes comprender el fluir libre de la sustancia, hasta poder verte
como dador. Si piensas en "dar" en vez de "tomar", esto puede
significar un cambio completo en tu enfoque de la vida. Esta es
una de las claves más importantes de la ley de prosperidad.

La vida completa para la persona es un proceso de dar. Hay
muchos medios por los cuales podemos encausar nuestro dar.
Es saber que la vida no se trata solamente de algo para obtener ni
tomar, sino algo para expresar.

No importa el nombre que tenga tu vocación en el mundo, es la
conciencia satisfactoria de que tu propósito es siempre expresar,
cuando descubres la maravilla de dar en tu vida, encontrarás,
una gran satisfacción interna en tu trabajo y esto te llevará a un
mejor empleo y por la ley del proceso causativo, a una mayor
experiencia.

La ley es exacta, si das, si trabajas verdaderamente en una
conciencia dadora, debes recibir.

 Aquí una pequeña historia con relación a lo anterior:

*Un predicador ambulante fue invitado a predicar en una
parroquia vecina y llevó a su hijito con él.*
Al entrar en la iglesia, vio un cofre de donativos, y siguiendo sus

73

buenos instintos, depositó medio dólar en él.
Después que había terminado su sermón y la congregación se había ido el ministro de la parroquia
Dijo: "No somos una parroquia muy próspera y todo lo que podemos pagar es lo que se encuentra en el cofre de donativos", Por lo tanto abrió el cofre y le dio al visitante el medio dólar---- todo lo que se había puesto en el cofre. El visitante le dio las gracias y partió, si no con regocijo, al menos con resignación. Caminaron en silencio una distancia, y luego su sabio hijito le dijo, "Caramba papá, si hubieras puesto más en el cofre, te hubieran dado más".

Tal es la gran ley de dar.

Jesús expresó claramente la ley divina:
"Dad y se os dará"
(LC. 6:3)

El fluir divino sólo requiere una cosa de ti, tu consentimiento para recibir. Jesús enfatiza en la necesidad de tener una conciencia de dar. Con esto Él no quería decir que dieras dinero. Dar es un estado de conciencia que cada cual lo puede manifestar de diferentes maneras. Aquí lo importante es pensar en dar. Piensa en dar todos los días, puedes darte a ti, dar una sonrisa, no importa lo que des, la ley es clara, Promete: Si piensas en dar, recibirás.

Para alcanzar la prosperidad esta ley es una clave fundamental. Nuestro cuerpo, nuestra mente y el universo están en constante cambio dinámico, cuando detenemos la circulación es como detener el flujo de sangre, cuando la sangre deja de fluir empieza a coagularse. Por eso debemos dar y recibir para así poder mantener la afluencia.

O cualquier cosa que deseemos circulando en nuestras vidas. La palabra afluencia viene de la raíz "afluyere" que significa "fluir". La palabra afluencia significa "fluir en abundancia".

En cada relación debemos dar para recibir. Cuando damos, recibimos, en realidad recibir es la misma cosa que dar, porque

74

los distintos aspectos del flujo de energía en el universo son dar y recibir.

Si detenemos el flujo de cualquiera de las dos, podemos interferir con la inteligencia de la naturaleza. La única manera de mantener la abundancia del universo circulando en nuestras vidas es mantener en nuestra mente la idea que mientras más damos más recibimos porque mantendremos la abundancia circulando en nuestras vidas. Lo más importante detrás de la intención es dar y recibir. Para el que da y recibe la intención debe ser siempre de felicidad, porque el apoyo y sustancia de vida es la felicidad y por eso genera abundancia.

Practicar la Ley de Dar es muy simple, si quieres alegría da alegría, si quieres amor, aprende a amar a los demás, si quieres una sonrisa, sonríele a los demás, aprende a dar amor y alegría. Si ayudamos a otros, es la manera más fácil de obtener la abundancia material.

La mejor manera de poner en operación la Ley del Dar y poner todo el proceso en circulación es tomar la decisión de darle algo a otra persona en cualquier momento que entres en contacto con ella. No tiene que ser algo material, puede ser una sonrisa, un cumplido o una oración, de hecho las formas más poderosas de dar no tienen que ser materiales.

Muchas veces tenemos la tendencia a no dar, pues pensamos que si no es algo costoso o material es mejor no llevar nada.

Estamos equivocados, pues podemos dar una sonrisa, un saludo, cuando vamos al Doctor podemos dar un saludo. O cuando nos encontramos en el Supermercado, podemos dar las gracias a la cajera a la empleada de la farmacia por sus servicios .

Verdaderamente es una gran satisfacción cuando podemos dar también de nuestro tiempo, a un enfermo, un vecino, no importa a quien. Los regalos de cuidado, atención, cariño, compartir, una llamada de aprecio son unos de los más preciados regalos que se pueden dar.

Cuando vemos un deambulante en la calle le podemos dar algún dinero, no importa la cantidad, lo que importa es la acción de dar. El acto de dar es un estado de conciencia y lo podemos manifestar de distintas maneras.

Lo más importante es pensar en dar, pensar en dar todos los días de tu vida.

La Ley es clara, promete: Piensa en "dar" y "recibirás". La ley es una clave fundamental para alcanzar prosperidad.

Esta nave frágil que vacías una y otra vez
Llenándola por siempre con vida fresca
Esta pequeña flauta que tocas y cargas con prisa
sobre montañas y valles, y que respira de prisa a través
de su melodía eternamente nueva
Tus regalos vienen a
a mí solo en estas manos mías tan pequeñas.
Las eras pasan, y las sigues llenando, y aún hay lugar
para llenar.
(Rabindranath Tagore, Gitanjali)

CÓMO APLICAR LA LEY DE DAR

1. Adonde quiera que vayas lleva un regalo, el regalo pude ser dar amor, una llamada de consuelo, una oración etc.
2. Da unas palabras de apoyo a un amigo o a todo aquel que llegue a ti. Con esto empezarás el proceso para que fluya la felicidad, la riqueza y la abundancia en la vida de otros y en la tuya propia.
3. Mantente alerta a recibir todos los regalos que la vida tiene para ti.
4. Recibe todos los regalos que la naturaleza te brinda. Siente el calor del sol, escucha la lluvia y siente el aire.
5. Haz un compromiso para mantener en tu vida la riqueza en circulación, dando y recibiendo los regalos más preciados de la vida.
6. Cada vez que te encuentres con alguien, deséale

prosperidad y regálale una sonrisa amorosa.

El que es generoso, prospera
El que da también recibe
(Proverbio 11:12)

En la encuesta que yo realicé en la pregunta número 4:
¿Tú piensas que dar es una de las claves de la prosperidad?
Estas fueron las respuestas:

Sí-   140   92%

No-   12   8%

En esta pregunta la mayoría de las personas contestaron que sí. Yo estoy de acuerdo con la mayoría porque cuando experimentamos la maravilla de dar en nuestras vidas encontramos una gran felicidad interior. Y si tenemos felicidad fluye la prosperidad.

CAPÍTULO 10

CÓMO ESTABLECER METAS

Definición de Metas: Es la persecución continua de un objetivo valioso hasta que éste se alcanza. Las metas toman tiempo por lo tanto es un proceso.

"Persecución", indica que se está persiguiendo algo, posiblemente hay obstáculos y barreras que hay que superar.

"Valioso", muestra que la persecución vale la pena, que hay una enorme recompensa al final por soportar los tiempos difíciles. Debes de hacer lo que sea necesario para completar que éste se alcance. Aunque no es fácil, es de suma importancia si quieres lograr una vida llena de logros extraordinarios.

Una de las mejores maneras de medir el progreso en sus vidas y si quieren adquirir una claridad poco común deben establecer y alcanzar metas. Cuando no se forjan metas es como ir por el mundo sin dirección, esperando ganarnos el premio mayor de la lotería y sin ningún esfuerzo. Tienes que despertar, eso es como buscar una aguja en un pajar.

Debe establecer usted mismo metas importantes. No debes permitir que otra persona establezca tus metas principales.

Cuando permites que otra persona defina que es el éxito, estás saboteando tu propio futuro. Te tienes que decidir ahora a dar la definición de éxito, y no preocuparte por lo que piense el resto de la gente.

A continuación una historia real:

Sam Walton, el fundador de Wal-Mart, en el presente la cadena de tiendas de mayor éxito en la historia, disfrutaba al conducir una camioneta Ford vieja, aunque era uno de los hombres más ricos en Estados Unidos. Cuando se le preguntó porque no traía un auto que estuviera más de acuerdo con su posición, "Bueno, me gusta mi camioneta". Así que olvídese de la imagen y establezca metas adecuadas a usted. Si quieres tener prosperidad en esta vida, como tener un bote, una casa de playa, o dar un viaje, tienes que luchar por ello. Las cosas no bajan del cielo, hay que ganárselas. Te debes asegurar que se trata de lo que tú quieres y que lo estás haciendo por las razones correctas.

Las metas deben ser importantes y el ingrediente indispensable para ser el mejor se trata de un compromiso total.

Antes de escribir las metas futuras te debes preguntar:
¿Qué es importante? ¿Cuál es el objetivo de hacer esto? ¿A qué estoy dispuesto a renunciar para que esto suceda?

Las metas deben ser específicas y cuantificables.

Esta es una de las razones por las cuales la mayoría de la gente se pierde debido a que:

- Nunca saben con precisión lo que desean en sus vidas.

- Muchos viven haciendo vagas generalizaciones. Las metas deben ser claras y específicas y metas que puedas alcanzar.

- Ser más específico. Si quiere pasar unos días con sus amigos, especifique cuantos días quiere pasar con ellos, que actividades tiene planeado para estar con ellos.

- Cuando se fije una meta hay que estar seguro que la meta es fija y clara, de esta manera estará más seguro de conseguir los resultados deseados.

- Te debes poner metas flexibles.

¿Por qué es tan importante poner metas flexibles? Hay unas cuantas razones.

Una podría ser para que no se ahogue o se frustre.
Se debe variar los horarios para mejorar su salud en un programa de ejercicio.

Y así no se hace tan aburrido.

Para garantizar los resultados deseados, un entrenador personal nos puede ayudar con un programa ameno y variado.

- Las metas deben representar un reto y ser emocionantes.

- Para evitar caer en una vida aburrida, debemos establecer metas emocionantes y que representen un reto. Debemos de salir de la zona cómoda si queremos lograrlo. Cuando se siente incómodo siempre parecerá más de la vida y de la capacidad que tiene para triunfar y esta es una razón para motivar.

Hace unos cuantos años cuando mis hijos estaban pequeños, yo siempre tenía mis metas para todo. Tan pronto llegaba el mes de enero yo empezaba a planificar mis metas para las vacaciones del verano. Buscaba el lugar a donde queríamos ir, preparaba el presupuesto, consultaba con las personas de la familia que nos querían acompañar y separaba el lugar. Todos los veranos nos íbamos de vacaciones a distintos sitios y lo disfrutábamos muchísimo.

Otra de mis metas importantes era planear unas vacaciones para mi esposo y para mí, solos, sin los niños, para mí ésta era una meta muy significativa. Es de suma importancia que todas las parejas tengan su espacio para ellos. Mi esposo y yo nos poníamos de acuerdo a donde queríamos ir y yo me encargaba de buscar la fecha conveniente y reservar el sitio. También yo me encargaba de buscar quien me iba a cuidar los niños, o sea, pedía apoyo.

Por esta razón, ponerse metas significativas que renueven el matrimonio es gratificante.

Otra meta muy importante para mí era tener una Boutique, pues siempre me encantó vender. Vendía prendas, ropa, Avon, y otras cosas más. Pero mi mayor anhelo era tener una tienda para vender la ropa, las prendas y demás accesorios. Esta meta tardó como un año y medio o dos, pero yo nunca perdí las esperanzas.

En la urbanización que yo vivía había un centro comercial pequeño y había una boutique. Siempre que yo iba a ese centro comercial, entraba a esa tienda de ropa y me ponía a hablar con la dueña, yo siempre le decía que cuando fuera a vender la tienda me avisara. No tardó mucho cuando un día vino mi vecina a decirme que la dueña de la tienda quería hablar conmigo, pues quería vender la tienda.

Cuando mi esposo llegó hablé con él, y al otro día fuimos a negociar con la señora y le compramos la tienda. El éxito fue total, que antes de un año ya tenía otra tienda allí mismo, pero de ropa playera para hombres., después abrí otra tienda más en otro pueblo, Cayey. Este evento pasó hace mucho tiempo, luego yo vendí las tiendas y me mudé para la Florida.

Estando en uno de los talleres de la Academia de Coaching de Amerilíderes le dije al Director de la Academia, el Dr. Jeff García que yo iba a ser la primera estudiante de setenta años que se iba a graduar de esta academia, pues yo había pensado mucho en hacer este curso, era una meta que yo tenía escondida muy dentro de mí, esto fue sábado y el próximo lunes yo estaba matriculada en el curso, otra meta que yo quería lograr, era escribir un libro y ésta fue otra meta que se me cumplió. Si le ponemos visión a nuestras metas y mucho empeño, éstas se harán realidad.

Al día de hoy me quedan dos metas por alcanzar, una es certificarme como Life Coach y la otra es un viaje en un crucero por el Caribe con toda mi familia.

Ya me comuniqué con la compañía de cruceros y ya me dieron la cotización. El próximo paso es ir ahorrando una cantidad de dinero mensual para lograr ir al crucero, estas dos metas me tienen muy entusiasmada. Muchas personas piensan que la edad es un impedimento para tener metas, la edad no importa, lo que importa es ver lo que queremos hacer, tenemos que desarrollar una imaginación propia y visualizar nuestras metas y ponerle mucho empeño y tenerlas siempre en nuestros pensamientos positivamente.

Esto es lo que hago casi constantemente, persigo mi entusiasmo, mi pasión, mi alegría y lo hago a lo largo de todo el día
(Doctor Joe Vitale)

Las metas deben estar siempre a tu alcance y que éstas te hagan sentir feliz y Motivada (o). Jamás te pongas metas para complacer a otra persona que no seas tú.

*Sinergia y flujo son dos palabras que describen cualquier proceso que avanza sin esfuerzo hacia el cumplimiento.

El mecanismo para alcanzar la armonía se pone en movimiento cuando tus metas están en sintonía con tus valores fundamentales. Los valores fundamentales son cuando sientas cualquier cosa que le haga vibrar las fibras más profundas de tu ser. Son las creencias fundamentales aquellas con las cuales hemos crecido y han moldeado nuestro carácter.

Ejemplo: La honestidad, la integridad.

- Sus metas deben estar bien equilibradas.

- Debe fijarse metas que incluyan áreas que le den tiempo para relajarse y disfrutar las cosas buenas de la vida. No debe exagerar en trabajar tanto toda la semana pues se agotará y se enfermará. Recordemos que la vida es una sola y hay que disfrutarla.

- Las metas deben ser realistas.

- Al determinar el tiempo que les tomará alcanzar sus metas es donde la mayoría de la gente no es realista. Debemos obligarnos a recordar este enunciado y ponerle fecha exacta.

¡No existen las metas no realistas, sólo tiempos no realistas!

Hay tres puntos de vista o estrategias:

1. Muchas personas se jactan de decir lo que van a hacer, son tan ingenuos y piensan que esto los hace más responsables. Más vale que cumpla lo que prometió que haría, usted está en la mira, de todos y todo el mundo va a estar al tanto para ver si es verdad que hizo lo que dijo que iba hacer con sus metas.

Este es un ejemplo de que cuando tenemos grandes metas los SUEÑOS SE LOGRAN:

El Dr. Robert H Schiller es un buen ejemplo. Dijo al Mundo que iba a construir una catedral de cristal hermosa con un costo de más de veinte millones de dólares, en Gardens Grove, California. Muchos observadores se rieron, se burlaron de la idea, y opinaron que el médico no sería capaz de hacerlo. El siguió adelante y lo logró. La catedral de cristal no dejó deudas. ¿El costo? Poco menos de treinta millones de dólares.

Uno de los comentarios de Schiller lo decía todo: "Creo que cuando se tiene grandes sueños se atrae a otros grandes soñadores". Y así fue, de hecho muchas personas donaron más de un millón de dólares para ayudar a la realización del proyecto.

2. Tiene que establecer sus metas, no divulgarlas y luego ponerlas a trabajar. Tenga siempre presente que las acciones pueden sorprender a mucha gente, sin embargo las palabras se las lleva el viento. Debe actuar más de lo que habla.

3. La tercera estrategia, es una de las más sabias, debe compartir las metas con personas que sean de su confianza. Ya que estas personas la apoyarán y le darán ánimo aun cuando las cosas no funcionen de la forma que pensaba que funcionarían.

Las siete categorías de metas son las que siguen:

1. Económica

2. Negocio / Profesión

3. Tiempo para diversión

4. Salud y acondicionamiento físico

5. Relaciones

6. Personal

7. Contribuciones

Lista de metas principales para optimizar sus resultados. Recuerde que las metas deben ser:

1. Suyas

2. De suma importancia

3. Claras y específicas

4. Flexibles y paso a paso

5. Que sean un reto y que lo emocionen

6. Estar de acuerdo con sus valores fundamentales

7. Bien sostenidas

8. Contribuir a la sociedad

9. Que sean alcanzables

10. Significativas y apoyadas

Has llegado a este momento de tu vida
Simplemente porque había algo que
Te decía, "te mereces ser feliz"
Has nacido para aportar algo, para aportar
algún valor a este mundo. Simplemente,
para ser algo más grande y mejor de lo que
eras ayer.
(Liza Nichols)

CAPÍTULO 11

LA LEY DE LA ATRACCIÓN

Los grandes maestros de todos los tiempos nos han enseñado que La Ley de la Atracción es la ley más poderosa del universo.

Todo lo que llega a tu vida es porque tú lo has atraído;
y lo has atraído por las imágenes
que tienes en tu mente; es lo que piensas...
Todo lo que piensas lo atraes.
"Cada uno de tus pensamientos
es un objeto real: una fuerza"
(Prentice Molford)

Religiones como el hinduísmo, las tradiciones herméticas, el budismo, el judaísmo, el cristianismo y el Islam, y civilizaciones como la babilonia y la egipcia lo han transmitido en sus relatos e historias. Esta ley omnipotente se puede encontrar en narraciones antiguas de todos los tiempos. Fue grabada en piedra en el año 3000 A.C. Aunque algunos codiciaron este conocimiento, y de hecho lo consiguieron, siempre ha estado al alcance de quien quisiera descubrirlo. Sacado del libro *"El libro El Secreto"*.

Esta ley es la que modela tu expresión total de la vida, a través de los pensamientos. Para adquirir abundancia y riqueza hay que tener pensamientos de abundancia y riqueza. Consciente o inconscientemente estos pensamientos de riqueza son los que han aportado la riqueza. Esta es la ley de la atracción en acción.

"Si estamos demasiado ocupados en encontrar un sentido,
no dejamos actuar a la naturaleza y nos volvemos incapaces
de leer las señales de Dios.
Cuando quieres algo, todo el universo conspira para
que se realice tu deseo".

*"El mundo está en manos de aquellos que tienen el coraje
de soñar y correr el riesgo de vivir sus sueños."
(Pablo Coelho)*

Si permites la entrada de pensamientos de miedo, a tu vida perderás toda la riqueza. La ley responde a tus pensamientos, sea lo que sea. Tenemos un poder magnético en nuestro interior y este poder magnético insondable se emite a través de tus pensamientos.

No sólo creas tu vida con tus pensamientos, sino que estás creando una poderosa aportación a la aportación del mundo.
Si alguna vez has pensado que eres insignificante y que no tienes ningún poder en el mundo, te equivocas, tu mente le está dando forma al mundo que te rodea, cuando tienes pensamientos negativos y muy persistentes vas atraer algo negativo a tu vida.

Si sigues preocupado por tus pensamientos negativos seguirás atrayendo más preocupación a tu vida. Proclama al universo que todos tus pensamientos son positivos y poderosos y que los negativos son débiles. Todos podemos borrar los pensamientos anteriores por pensamientos buenos.

*"Has de ser consciente de los pensamientos
y elegirlos cuidadosamente, además te debes
divertir, porque eres la obra maestra de
tu propia vida. Eres el Miguel Ángel de tu vida
el David que estás escultando eres tú mismo"
(Doctor Joe Vitale)*

Cuando nos concentramos en un pensamiento positivo y lo gritamos al universo con toda nuestra energía, sentimiento y toda nuestra fe, ten por seguro que el universo se encargará de devolverte ese deseo, quizá más pronto de lo que tú puedas imaginarte.

Por experiencia propia yo tenía un deseo enorme de matricularme en el curso de Life Coach, como lo mencioné en un capítulo anterior. Sinceramente yo no sabía cómo lo iba a lograr, una de mis conversaciones era el dinero. Pero de todas formas yo lo declaré un sábado y el próximo lunes yo estaba matriculada en el curso, "No me preguntes si hubo magia, yo simplemente sé que yo pedí y el universo me respondió, y mucho más pronto de lo que yo pensé". Esa es la magia que se llama la ley de la atracción, "Pide y se os dará".

La forma de dominar tu mente es aprender a acallarla y esto se consigue mediante la meditación. La meditación silencia tu mente, ayuda a controlar tus pensamientos y revitaliza tu cuerpo. Para meditar no tienes que estar más de diez minutos, es tu elección el tiempo que desees meditar. Esto tiene un enorme control sobre tus pensamientos.

"La ley de la atracción es una ley de la naturaleza
Es tan imparcial como la ley de la gravedad
Es precisa y exacta".
(Michael Bernard Beck Witt)

Si quieres experimentar algo, debes invocarlos persistentemente con tus pensamientos. Si quieres que tu visión se plasme en tu vida tienes que decidir Lo que quieres Ser, Hacer, y Tener.

"La ley de atracción dice que lo semejante atrae a lo semejante,
así que cuando tienes pensamientos, también estas atrayendo
pensamientos semejante"

Es importante saber que no puedes tener buenos pensamientos y sentirte mal. Esto desafiaría la ley porque a tus pensamientos sólo lo provocan tus sentimientos.

"Si te sientes bien estás creando un futuro que seguirá
la senda de tus deseos. Si te sientes mal, estás
creando un futuro que se desviará de la senda de
tus deseos. La ley de la atracción está actuando
en cada segundo. Todo lo que pensamos y sentimos
está creando nuestro futuro; Si estás preocupado
o tienes miedo estás atrayendo más de lo mismo
a tu vida".
Marcia Ismos

Los pensamientos positivos nos permiten sentirnos bien. Cuando sientas esos pensamientos de felicidad, Aprovéchalos, Gózalos y Siéntelos.

A muchos nos ha pasado que hemos tenido un día pésimo, nos levantamos tarde, llegamos tarde al trabajo, el informe que teníamos que entregar se nos dañó, en conclusión, nada nos sale bien. Todo esto empieza con un mal pensamiento tanto si estas consciente o no. Ese mal pensamiento atrae más pensamientos negativos, la frecuencia se ha asentado y al final termina en algo malo.

Cuando tienes pensamientos positivos te sientes bien y tienes que conseguir lo que querrás sin límite, pero para que ocurra así tienes que sentirte bien.

Aprovecha esos momentos en que te sientes bien y disfrútalos al máximo.

> *"La combinación del pensamiento y el amor es*
> *Lo que crea la irresistible fuerza de la Ley de la*
> *Atracción".*
> *Charles Hamel*

El poder del amor es el poder mayor del universo. La frecuencia más elevada que podemos emitir son los pensamientos del amor.

Tu vida se transformaría si pudieras envolver todos tus pensamientos en amor y si pudieras amar a todas la persona y cosas de la misma manera. De hecho, algunos grandes pensadores del pasado se han referido a la ley de la atracción como la Ley del Amor.

Cuando predomina el amor en tu estado de ánimo entonces la ley de la atracción o la ley del amor te responderá con toda su fuerza, pues estás en la frecuencia más alta posible. El arte del amor es difícil, casi utópico pero con milagrosos efectos liberadores. Muchas personas lo practican, así que es factible. Cuando nos sentimos amados por Dios como hijo único este arte de amar no sólo es fácil, sino casi inevitable.

Aquí se recomienda el título de terapia liberadora a los que no tienen fe. Me refiero a que se trata de dedicarse a amar aquellos de que te han traicionado o que te han desilusionado.

En fin, cada vez que una persona te ofenda o te haga daño, retírate.

A un sitio solitario, tranquilo y en vez de enviarle ondas de odio o ira (esto te hará mucho daño a ti), inúndalo de bendiciones, de ternura, de inmenso amor. Esto te enviará una frecuencia de paz interior que jamás en tu vida habías experimentado. Es la frecuencia de la ley de atracción o la ley del amor.
Esta es la forma más fácil del sufrimiento que viene de la otra persona.

> *"Voy a crear un cielo nuevo y una tierra nueva*
> *De lo pasado no habrá recuerdo*
> *Ni vendrá pensamiento,*
> *Sino que habrá gozo y alegría perpetua".*
> *(Isaías)*

*Tu trabajo eres tú, a menos que te llenes a ti mismo, no tendrás nada que dar a nadie.

*Trátate con amor y respeto y atraerás a las personas que te amarán y te respetarán.

*Cuando no estás a gusto contigo mismo, estás bloqueando el amor y sigues atrayendo a más personas y situaciones que te hacen sentir mal.

*Enfócate en las cualidades que te gustan dc ti, y la ley de la atracción te enseñará más cosa buenas de ti.

*En vez de enfocarte en los problemas del mundo, pon atención y energía en el amor, la confianza, la abundancia, la educación y la paz.

Libro "El Secreto"

CAPÍTULO 12

LOS HÁBITOS

Una de las prioridades del ser humano debe ser mantener una salud excelente, puede hacer ejercicio tres veces por semana para sentirse en forma. Mantendrá el hábito de ejercitarse no importa que suceda, porque usted valora los ejercicios a largo plazo, esta es la política que usted implica sin hacer excepciones.

Si usted es de los que no le importa lo suficiente los cambios, dejará de hacerlo después de unas cuantas semanas o meses. La lista de excusas es enorme de porque no le funciona.

Si quiere sobresalir de entre las masas y disfrutar una forma de vida única, comprenderá esto, sus hábitos determinan el futuro.

Las personas con éxito no van a la deriva hacia la cima, es muy importante recordar esto. Para hacer que las cosas sucedan se supone que las acciones estén enfocadas en la disciplina personal y mucha energía todos los días.

Lo que determine su futuro a partir de este momento serán sus hábitos.

No importa si usted es rico, pobre, enfermo, feliz o infeliz usted es quien lo elige, así que use la sabiduría.

Los hábitos determinan la calidad de su vida, para ser verdaderamente rico influye no solamente libertad financiera, las relaciones deben ser enriquecidas, la salud y estar bien equilibrado entre lo profesional y lo personal. Para explorar y crecer, alimentar el alma también es un requisito vital.

"Por lo general los resultados de sus malos hábitos no se hacen evidentes sino demasiado tarde en su vida"
(Libro "El Poder de Mantenerse Enfocado")

¿Qué podemos decir de las personas que van por la vida buscando reconocimiento?

Se vuelven locas con las tarjetas de crédito, comprando cosas a veces innecesarias, a largo plazo. Estas personas con estos hábitos se las ven negras cuando no pueden cumplir con los pagos a tiempo, y esto les produce más tensión. Las personas con estos hábitos tienen que hacer maravilla con el dinero, pues siempre hay otro pago el próximo mes.

Cuando se tiene un mal hábito crónico siempre trae consecuencia. Usted tiene que entender esto bien, le guste o no le guste.

Los hábitos negativos producen consecuencias negativas, los hábitos para alcanzar el éxito crean recompensas positivas.

Los hábitos saludables te permiten disfrutar de longevidad, por eso es importante tener hábitos saludables.

Tres hábitos importantes:

1. Tener buena nutrición

2. Hacer ejercicios

3. Analizar la longevidad

Hay hábitos que son de gran riesgo físico, trabajar quince horas al día, las comidas rápida, comer de prisa pueden ser de alto riesgo para la salud.
Se puede convertir las consecuencias negativas en consecuencias positivas con sólo cambiar sus hábitos ahora

"Se requiere tiempo para desarrollar hábitos para alcanzar el éxito".

Es importante revisar primero cuanto tiempo se ha tenido un hábito antes de poder cambiar. Si los hábitos se han llevado por muchos años, quizá no sea fácil deshacerse de ellos. Cuando has estado repitiendo un hábito durante muchos años, quizá no sea fácil deshacerte de el en unas cuantas semanas.

¡Sus Hábitos determinarán la calidad de su vida!

Hay que reconocer que si un hábito constante está muy arraigado, es muy difícil de romper.

Aquí tenemos un ejemplo personal:

Recuerdo que cuando era joven yo tenía muy malos hábitos alimenticios.

Nunca comía a la hora adecuada, ni los alimentos saludables.

Pero yo no tenía problemas de peso, pues antes se caminaba mucho ya que en mi casa no había automóvil para transportarnos y teníamos que caminar a la escuela caminando cuatro veces al día, sin embargo con el tiempo a los 45 años empecé a padecer de diabetes, esto debido a los malos hábitos de alimentación.

Este hábito no ha sido muy fácil dejarlo pues está muy arraigado a mí. Esto no quiere decir que sea imposible aunque no se me ha hecho fácil, ya que tengo una adicción y esa adicción es el famoso "ARROZ".

Se me ha hecho muy difícil romper con este hábito que yo estoy consciente que es dañino para mi salud, pero estoy trabajando para dejarlo un poco.

Otro gran problema es hacer ejercicio. Yo siempre fui una persona bien atlética, me gustaba jugar voleibol, correr bicicleta, jugaba tenis, esto ya de adulta, pero ahora me he puesto un poco lenta para ir al gimnasio. Y no tengo excusa, pues tengo un gimnasio cerca de mi casa. La verdad que no me gusta mucho ir al gimnasio, yo iba antes pero hace tiempo que no voy, me gusta más caminar y ya le dije a mi esposo que tenemos que empezar a caminar. Tengo que empezar con el hábito de caminar pues es importante para mi salud. También tengo hábitos buenos como leer, escribir, oír música, meditar y otros más que aportan a mi longevidad.

La fórmula de los HÁBITOS para alcanzar el éxito. Para ayudarle a crear mejores hábitos hay un método a seguir.

Hay tres pasos fundamentales.

1. Identificar con claridad los hábitos malos o improductivos
   El fumador dice ¿Qué tiene de malo que me fume unos cuantos cigarrillos hoy para relajarme? Me siento bien, no estoy tosiendo, sin embargo los días se acumulan y veinte años después, las radiografías son determinantes. Observe esto, si fuma diez cigarrillos durante veinte años son setenta y tres mil cigarrillos en total. ¿Usted podría creer que setenta y tres mil cigarrillos podrán tener algún efecto en sus pulmones? Por supuesto que sí. Puede dar por hecho que las consecuencias pueden ser mortales.
   Ahora, cuando examine sus malos hábitos, considere las consecuencias a largo plazo y pregúntese: ¿Mi vida puede estar en peligro en un futuro si continúo con este hábito?
2. Defina el nuevo hábito para alcanzar el éxito, éste es el opuesto de un mal hábito. Para alcanzar el éxito debe motivarse y pensar en todas las recompensas y beneficios de adoptar un nuevo hábito.

3. Crear un plan de acción que tenga tres partes.
   Aquí es donde se enfrentará a la verdad. Debe actuar. Debe empezar con el hábito que quiere cambiar. Ponga en acción los tres pasos que quiere cambiar y póngalos en práctica, hágalo ahora.

   ¡Recuerde, nada cambiará hasta que usted lo haga!

Un hábito constante está arraigado a la persona. La posibilidad de caer de nuevo en los viejos patrones es otro aspecto importante relacionado con cambiar hábitos.
Todas las persona tenemos hábitos, cepillarnos los dientes, cepillarnos el pelo, ducharnos, estos hábitos los hacemos automáticamente sin pensarlo.

Como personas con hábitos somos imprescindibles, esto es algo positivo porque nos pueden ver como personas responsables y confiables.

Si empezamos por cambiar los malos hábitos de antes por nuevos hábitos estamos alcanzando el éxito

> *¡Si sigues haciendo lo que siempre has hecho, seguirás obteniendo*
> *Más de lo mismo!*

Debe estar consciente de los malos hábitos que no le están funcionando.

Las personas con exceso de peso presentan dominador común: la comida que siempre está en su mente. La mayoría de los programas animan a la persona a convertir su atracción en la comida; que comen, dónde comen, cómo comen. Sin embargo, lo que deben hacer es alejar la atención de la comida, si quieren perder peso.

Esto debe estar menos tiempo en sus mentes y no más tiempo, lo mismo ocurre con cualquier hábito. Si pasamos todo el tiempo pensando en el cigarrillo será muy difícil dejar de fumar... Hay un viejo refrán que dice "no le eches más leña al fuego" Si los hábitos son el fuego, pensar en ellos es la leña. Si le seguimos echando leña al fuego más crecerá y más difícil será apagarlo.

Los ingredientes necesarios para romper cualquier hábito son:

1. Felicidad: es el terreno que posibilita la recuperación
2. Decisión: es el compromiso que nos señala una meta
3. El Entendimiento: es vehículo que nos lleva a nuestro destino

Si queremos que los hábitos no sean perjudiciales debemos tomarlos como pensamientos que estamos aceptando innecesariamente, como si fuera una realidad.

Los tres hábitos TOP de la felicidad:

1. No todo en la vida es miel sobre hojuelas, pues el contraste y los retos en la vida son algo que no podemos evitar.
2. Tener poder personal consiste en saber cómo utilizar todos los recursos internos a su favor en vez de seguir siendo una víctima.
3. Creer en cosas positivas, la mente positiva acepta, elige y cree por lo tanto trabaja en base a todas las creencias y acepta como verdad. Por lo tanto, de los hábitos más importantes que debes nutrir a diario, es en creer en cosas positivas y dejar de creer en cosas negativas.

Elige una creencia negativa diariamente y cámbiala por una positiva, tú puedes cambiar cualquier pensamiento si así lo deseas, por lo tanto busca la manera de apoyar tus creencias positivas y por la ley de la atracción traerás más creencias positivas.

Mucho se ha hablado sobre la gratitud y cultivar el agradecimiento, no solo por las cosas que tenemos, sino hacia las personas que nos ayudan. Pero a pesar de esto la mayoría de las personas solo utiliza la gratitud cinco minutos al día y pasa en un estado de ánimo negativo.

La gratitud transforma enormemente si se utiliza con regularidad y por lo tanto es el segundo hábito que te recomiendo.

Busca formas divertidas de cultivar la gratitud por la vida, habitúate a dar gracias.

Mientras más te habitúes a agradecer las cosas que tienes día a día más fácil se te hará vivir en gratitud y permitir que el universo te envíe más milagros por ser agradecida.

¿Cómo creas un nuevo Hábito?

Empecemos mirando como las cosas llegaron a ser en primer lugar. Por ejemplo, alguien que se considera "limpio", ¿cómo llegó a "SER" limpio?

Recordemos que el ser humano no siempre se ha cepillado los dientes o ha tomado un baño todos los días. Nos tomó miles de año darnos cuenta de eso. No fuimos "limpios" por naturaleza. Y ahora es para la mayor parte del mundo un HÁBITO.

Imagínate que puedas llegar a lograr esto con el éxito, el dinero, salud, felicidad, etc.

Como hacerlo que sea natural:

- Se trata de eso, de SER.

- Se trata que los hábitos y rutinas se instalen en ti.

- Normalmente un hábito se forma así:

    1. Necesita una figura de autoridad, podría ser tus padres, hermano mayor. Se trata de una persona que te sirva de modelo para que te diga lo que tienes que hacer, es bien importante que los padres le empiecen a poner buenos hábitos alimenticios a sus hijos desde pequeños, también hacer ejercicio y el hábito de hacer sus tareas a la misma hora siempre. La importancia de imponer estos y otros hábitos buenos desde pequeños es que los padres se evitan la molestia de estar repitiendo lo mismo, muchas veces, es muy saludable para los niños, pues esto los va a ayudar a ser personas exitosas en sus vidas.

    2. ENTORNO, ¿es esto suficiente? En algunos casos sí, pero es mejor si tu entorno te exige que lo hagas.

    3. Si este nuevo hábito ocurre solamente una vez. ¿Es suficiente para que sea parte de tu rutina? ¡NO! Se necesita la REPETICIÓN constante.

    4. Se necesita una RECOMPENSA para que sea más eficaz.

Tu mente subconsciente no descansará hasta que tu realidad refleje exactamente lo que él cree. Si tú pones una idea en tu subconsciente el no descansará hasta hacerlo pasar. Vas a tener la energía, la pasión, los recursos necesarios para hacerlos realidad.

Cuando eches un vistazo a tu vida o a las cosas que crees completamente lo haces sin ningún esfuerzo, como lavarte las maños, peinarte o cosas no tan positivas como tener creencias de pobreza o pensamientos negativos, todas estas cosas pasan porque se encuentran aislados en tu subconsciente.

Tienes que involucrar a tu subconsciente, si quieres reprogramar con eficacia.

¡Vivo de una conciencia espiritual que enriquece cada pensamiento y cada experiencia que tengo!

"A Jehová he puesto siempre delante de mi
Porque está a mi diestra, no seré
Conmovido".

(Salmo 16:8)

CAPÍTULO 13

CÓMO OBTENER PROSPERIDAD CON EL COACHING

Dios me bendice con prosperidad
Ahora y siempre
(Libro pensamientos que sanan)

¿Qué es prosperidad? Del latín "prosperitas". Es el éxito en lo que se emprende, la buena suerte en lo que sucede o el curso favorable de las cosas. Puede ser en aquello que una persona quiere y necesita para su vida, ya sea en el plano material, espiritual o ambas.

Si tu autoestima o la creencia que tienes sobre ti, esta saludable, entonces la prosperidad parecerá tener sentido dentro del marco de tus creencias y tus aspiraciones mayores por la vida. Mucho se habla sobre la prosperidad, poco se conoce realmente sobre esta. Y es que puede existir un quebramiento en lo que significa en palabras y lo que realmente representa en resultados.

Es conocido que el ser humano posee muchas capacidades y muchos talentos. También es conocido que nuestras capacidades no siempre están saludablemente desarrolladas. Es decir, poseemos el potencial pero sin desarrollar. Igualmente tenemos muchos talentos, pero muchas veces no los conocemos.

Ahora bien, seguramente tú tienes metas y sueños, aspiraciones y ambiciones. Metas económicas, metas de relaciones, metas físicas y metas espirituales, entre otras. Sin embargo la mayoría de las veces son metas ambiguas. Y eso es normal. No sabemos cuáles son esas metas en cada renglón y tampoco sabemos cómo alcanzarlas. Inclusive, en este momento seguramente no sabes que quieres honestamente.

Es en este momento de tu vida que aceptas la realidad que tú sólo no lo puedes lograr. Es por eso que muchas personas como tú han encontrado su prosperidad con el apoyo incondicional de una persona cualificada, conocida hoy día como un "COACH" de vida o de negocio.

Por experiencia propia he descubierto que cuando haces una lista de metas en tu vida y no hay un entrenador apoyándote, es muy fácil procrastinar. Si te parece fea esta palabra, más feos son los resultados de vivir tu vida procrastinando. Esto es, dejar para después lo que tienes que hacer AHORA.

¡No dejes para mañana lo que puedas hacer hoy!

¿Qué es coaching?

Coaching o proceso de entrenamiento personalizado   y confidencial llevado a cabo con un asesor especializado o coach.

¿Qué es un Coach?

Coach cubre el vacío existente entre lo que eres ahora y deseas ser. Es una relación profesional con otra persona que aceptara todo lo mejor de ti y te guiará y estimulará para que vayas más

Allá de las limitaciones, que te impiden a ti mismo que realices tu propio potencial.

Deberías moverte en tu propia dirección, de lo contrario los demás te moverán en la suya.

¡Los de adelante corren mucho y los de atrás se quedarán!

Si no sabes lo que quieres en tu vida te encontrarás muchas personas que te dirán lo que ellos quieren que hagas y tratarán de conseguirlo.

Me gustaría informarles un poco sobre los antecedentes históricos del Coach, pues a mí me pareció valiosa.

Las personas que a lo largo de la historia han desarrollado métodos similares a lo que es el coaching que se utiliza hoy día, sin embargo en todo y cada uno de los pensadores, filósofos y formadores de la historia del pensamiento, se encuentran elementos propios de la naturaleza del coaching.

Origen del término Coach

La historia del coaching apunta a los siglos XV y XV1 cuando empezó a hacerse muy popular la ciudad de Kocs, situada entre Budapest (entre Viena y Pest). Kocs se convierte en parada para todos los viajes entre estas dos Capitales. De esta manera se comenzó a hacer común el uso del carruaje. Así comenzó a hablarse del Kocsi szeker, o sea el carruaje de Kocks, Símbolo de excelencia.

De esta forma el término kocsi paso al alemán, como kutsche, al italiano, como cocchio y al español como coche. Por lo tanto la palabra Coach (coche) es de origen húngaro.

Es así como la palabra "Coach", derivado del coche cumplía con la función de transportar personas de un lugar a otro. Es decir de donde están a donde quieren llegar.

Sócrates fue el creador de uno de los métodos usados hace más de miles de años usado en la antigua Grecia. El promovía el empleo del dialogo como forma de llegar al conocimiento y de esta forma ayudaba a sus discípulos a alcanzar la verdad. Sócrates se sentaba con ello y les hacía preguntas y al final lograba que sacaran a relucir los conocimientos que tenían dentro.

Él llamó a esto Mayéutica que en griego significa partera, para simbolizar que él también ayudaba a dar a luz, en este caso no un niño sino la verdad que hasta entonces había permanecido oculta.
Sócrates consideraba que no existe el enseñar sino solo el aprender. El coaching se basa en el arte de la Mayéutica.

También el coaching considera que solo existe aprender y que ésta surge del reconocimiento y que el conocimiento no está en el coach, sino en los cochees (los clientes).

A fines del año pasado (2011) asistí a uno de los talleres de la Academia de Coach Amerilíderes., pues mi hija se graduó de Coach de esta academia y yo asisto con ella a todos los talleres, ya que a mí me encantan los talleres. Quizás parezca extraño lo que les voy a decir, pero a mis setenta años empecé mi curso de coach en la academia de Amerilíderes. Yo sé que muchos estarán pensando: "ah esta señora tan mayor que hace estudiando, o quizá dirán, "está muy vieja para esto"; sin embargo les tengo la gran noticia, me certifiqué en tres meses. Es un requisito para certificarte escribir un libro y con el apoyo personal de la mentora de la academia la Sra. Jacqueline Betancourt, se me hizo posible moverme de mi zona cómoda y lograr mi sueño que siempre había sido escribir un libro.

¡No se dejen convencer por el diálogo interno!

Esa vocecita que te quiere detener para que no logres tus sueños. A mí también me hablaron esas vocecitas, todo el tiempo me decían: "¿Cómo te vas a matricular ahí?, estás muy vieja, hay que estudiar mucho, no lo vas a lograr, si tú no sabes de computadora...", fueron muchas las vocecitas en contra de mi sueño, pero, ¿sabes qué?, cuando tú declaras algo positivo al universo, el universo se encarga de devolvértelo de la misma manera positivamente. Estas vocecitas dejan claro la diferencia entre creencia y capacidad.

El coach me ayudó a prestar atención a mis creencias y centrarme en mis objetivos y me apoyó hasta alcanzarlos.
Debido a las circunstancias me matriculé en la academia sin permitir que ninguna creencia limitadora me permitiera conseguir mi objetivo.

Piensa en esto:

Ahora contempla esta metáfora y aplícala a tu vida. Recuerda que Aladino es el que siempre pide lo que quiere. Luego tienes el

Universo que es el genio. Las tradiciones le han dado distintos nombres, el ángel de la guardia, tu ser superior, etc. Puedes llamarlo como te plazca y elige el que más te guste, pero todas las tradiciones nos han dicho que existe algo superior. Y el Genio siempre nos responde:

¡Tus deseos siempre son órdenes!
(James Ray)

Eres el Amo del Universo y el genio está para servirte. El genio nunca se cuestiona tus órdenes, tú las piensas y él inmediatamente empieza a poner en marcha el Universo, a través de las personas, circunstancias y acontecimientos para cumplir tus órdenes.

"El hombre es desgraciado porque no sabe que es feliz
¡Eso es todo!
Si cualquiera llega a descubrirlo será feliz de inmediato
En ese mismo minuto todo es bueno".
(Dostoye Toski)

¡El que persevera Triunfa!

Con esto les quiero dejar saber a tantas personas jóvenes y no tan jóvenes que no se pierdan este hermoso paseo por el mundo del saber. Hay muchas personas que creen que se las saben todas, pero siempre hay algo nuevo por aprender.

Quizás también a ti te interese el coaching o quieres saber si las habilidades de un coach pueden servirte para formarte como maestra, o consejera más eficaz.

El Coach además de producir cambios es un gran luchador por la libertad.

La libertad tiene dos facetas; la de liberarse de algo y la de gozar de la libertad para hacer algo.

"El coach trabaja con las dos libertades. Ayuda al cliente a liberarse de lo increíble que tenemos para saber lo que estamos pensando".
Bob Doyle

Valores

¿Que Son valores? Los valores son aquellos que en realidad te importan.

Son el centro de lo que somos. Todos tenemos valores. La persona que no sepa que tiene valores, no sabe quién es. Los valores son estados mentales y principios de acción. Los valores por lo general son abstractos, como salud, honestidad, felicidad, respeto, admiración, etc. En el coaching se necesita saber los valores del cliente, para que así los pueda expresar con plenitud en su vida. Los valores no tienen nada de lógicos, son la expresión de quienes somos, y nosotros no tenemos nada de lógicos.

Los valores dependen del contexto, hay personas que valoran a sus relaciones distintas a lo profesional. Los valores se pueden demostrar con tu comportamiento, aunque el comportamiento correspondiente a un mismo valor podría cambiar de persona a persona.

Podemos decir que todo objetivo puede estar generado por uno o varios valores. Mucho de lo que deseamos en el mundo material es la expresión de un valor que queremos satisfacer.

Inteligencia Emocional

Es la parte que se habla de las emociones del cerebro, de las partes más biológicas del cerebro. En los resultados de las investigaciones más recientes del cerebro se demuestra que a pesar de que el hombre es un animal racional a veces se deja llevar por los impulsos emocionales más irracionales.

¡La inteligencia emocional es más importante que el coeficiente intelectual a la hora de triunfar en la vida!

Lo que denomina inteligencia emocional es esa disposición que nos permite tomar las riendas de nuestros impulsos emocionales. A la hora de tomar decisiones el primer paso es siempre muy consciente, analítico y deliberado, pero no debemos desdeñar el aspecto emocional porque ambos son igualmente importantes. Esto se determina intuición y corazonada.
Algunas de las diferencias originadas por este tipo de aptitudes son como el equilibrio emocional contribuye a proteger nuestra salud y bienestar.
Cuando menos consciente estamos de lo que realmente nos apasiona más perdidos nos hallamos. Y este ir a la deriva puede dañar seriamente nuestra salud.
Las lecciones emocionales que aprendemos en la niñez modelan los principios que rigen la inteligencia emocional.
La conciencia de nosotros mismo nos proporciona una brújula segura para armonizar nuestras decisiones con nuestros valores más profundos.

Emoción

Se refiere a los sentimientos de estado biológico, psicológico, y el tipo de tendencia a la acción que lo caracteriza.

Algunas emociones son:

1. Furia, inestabilidad, violencia, tristeza, desconsuelo, soledad, alegría, miedo, desosiego, amor, enamoramiento, vergüenza, felicidad.

> *Dijo el amigo al amigo sobre el puente*
> *"Mira qué alegres están los peces en el río"*
> *El otro replicó: "¿Cómo tú, no pez, conoces*
> *La alegría de los peces en el río?"*
> *Y respondió el otro:*
> *"Por mi alegría sobre el puente"*

Re-aprendizaje emocional

El tratamiento de un trauma pasa por tres fases, recuperar cierta seguridad, recordar los detalles del trauma y atravesar el duelo por lo que pudo haber perdido.

Analfabetismo emocional

A las personas incapaces de reconocer cuáles son sus propios sentimientos los podríamos denominar "Analfabetos Emocionales" (depresión, soledad, ansiedad, excesivos miedos y preocupaciones, falta de afecto y nerviosismo, entre otras)

Como salir de nuestra zona cómoda:

Muchas personas para moverse necesitan un camión. Otras personas pueden estar razonablemente contentas y exitosas y pueden creer que "para mejorar no necesitan estar enfermos". Estas personas prefieran contratar un Coach para sentirse más felices y más eficaces.

El coaching empresarial apuesta igualmente allí quizás por la supervivencia de la empresa. Un negocio próspero acepta trabajar en el que consigue sus objetivos y sus valores fundamentales. En nuestra vida diaria nos acostumbramos a estar cómodos, nos adaptamos a una rutina que nos satisface pero no nos realizamos como personas.

Cuando entremos en acción, a pesar de los miedos e inseguridad, aprendemos y dominamos una nueva habilidad y eso nos hace ampliar nuestra zona cómoda.

"Si estás dispuesto a hacer todo lo que sea FÁCIL, tu vida será
DIFÍCIL
Pero si estás dispuesto a hacer lo que es DIFÍCIL tu vida será
FÁCIL".
(T. Harv. Eker)

Asumir riesgo

Todavía no se sabe de nadie que haya triunfado sin correr riesgo Esas personas que han triunfado los riesgos no los detuvieron. Hay que salir de la zona cómoda, y hay que arriesgarse a eso que no te animas, pero que sabes que te dará impulso a tu meta. Si ésta no funciona, no pasa nada. Si no te arriesgas y pasa, te quedas estancado en el arrepentimiento.

"Nadie llega a la cima sin caer, sin desollarse las rodillas un par de veces".
Vicki Morandeira

Las piedras en el camino

El camino está sembrado de piedras, a veces puntiagudas, toscas, muy pocas veces lisas y redondas. ¿Cómo podemos quitar todas estas piedras que nos encontramos en el camino? Arrojarlas una a una al mar, esconderlas bajo tierra.

El caminante tropieza con ellas a cada momento, le sangran los pies, te hieren, pero no las puedes sortear. Quiéralo o no las piedras siempre van a estar ahí. Si resistes las piedras que te encuentras en tu camino el único que sufre eres tú. Si te sucede algo negativo no transfieras cargas emocionales, el blanco de tales furias eres tú.

Sé delicado con las piedras, debes aceptarlas tal como son. Con ponerte enojado no conseguirás nada, trata de ser amable y pasible con ellas. Esta será la única manera de que ellas no te lastimen.

Si no puedes asumirlas y llevarlas al hombro con delicadeza, y llevarlas a cuesta entonces déjalas atrás en el camino como amigas. He aquí la piedra filosofal para transformar los enemigos en amigos y disecar innumerables manantiales de sufrimiento.

Nuestra mente

El filtro de nuestra mente es lo que determina nuestro futuro.

Una metáfora entre la mente y tres árboles:

Si dejamos plantado en nuestra mente el árbol del miedo, el miedo de la falta de fe y el árbol del realismo jamás conseguiríamos nuestro objetivo.
¿Por qué?

Si comemos del árbol del miedo nos paralizaríamos, nos quedaríamos estancados, sin dar pequeños, pero importantes pasos, que nos van acercando a nuestra meta.

Si comemos del árbol de la falta de fe, pasaría algo parecido, como no creemos que podemos alcanzar nuestra meta, no damos esos pasos, no hacemos esa llamada, no golpeamos esa puerta, no vamos a esa reunión importante.

El que más miedo da es el árbol del realismo Nos tenemos que cuidar bien de comer del fruto de este árbol. Hay innumerables personas que viven impregnadas de realismo. Estas son las que siempre están diciendo, no se puede, estás loco, no hagas eso, eso no va a funcionar. Ese fruto es un fruto amargo que envejece el alma y arruga el corazón. Cuando dejamos de seguir nuestros sueños, eso es lo que ocurre envejecemos prematuramente.
Es nuestra tarea pasar el arado, quitar esos árboles y sembrar otros tres que nos den fruto más apetecibles y sanos para nuestra prosperidad.

Si comemos del fruto de Árbol de La Fe y autoconfianza da un fruto sabroso que te impulsa a seguir hacia delante, que te hace seguir esos pasos y te permite mostrar tu brillo a los demás.

Comer del fruto del Árbol de la Disciplina te mantendrá en la senda hacia tus objetivos. Te inundará de esperanza y perseverancia y será el combustible para llevarte más allá de tus límites.

Y por último procura encontrar las semillas del Árbol de la Alegría para colmarte de optimismo y de pasión por tus objetivos recordando que, la felicidad es una actitud ante la vida y no algo que se consigue al llegar su destino.

Si comes de estos frutos, si llenas tu mente de pensamientos de autoconfianza, de fe, de disciplina de alegría y amor te aseguro que nadie podrá detenerte en tu camino hacia tu vida real. (Fuente Internet)

Cuento de los tres ancianos

Una mujer salió de su casa y vio tres ancianos de barba larga sentados frente a su jardín. No los conocía pero aun así les dijo: "No creo conocerlos pero tal vez tengan hambre, por favor entren a mi casa y coman algo".
Ellos preguntaron "¿está el hombre de la casa?"
"No" respondió ella, "no está".
"Entonces no podemos entrar" respondieron ellos.
Al atardecer cuando llego su marido la mujer le contó lo sucedido y él le dijo: "!diles que he llegado e invítalos a pasar!"
La mujer salió a invitar a los hombres a entrar en su casa.
"No podemos entrar los tres juntos", explicaron los ancianos a ella.
"¿Por qué?", quiso saber la mujer.
En ese momento uno de los hombres dijo: "Él se llama Riqueza, y él, Éxito. Mi nombre es Amor. Entra y decide con tu marido a cuál de los tres deseas invitar".
La mujer entró a la casa y le repitió la historia a su esposo.
El hombre se puso feliz. "Ya que así es el asunto invitamos a Riqueza, dejamos que entre y llene nuestro hogar de abundancia".
La esposa no estuvo de acuerdo. "Querido, por qué no invitamos a Éxito?"
La hija, que estaba escuchando la conversación desde la otra puerta de la casa, vino corriendo con una idea.
"No, sería mejor invitar a Amor. Entonces nuestro hogar se llenaría de amor".

111

"Hagamos caso a nuestra hija", dijo el esposo a su mujer. "Ve, invita a Amor a que sea nuestro huésped."

La esposa salió y les preguntó a los ancianos "¿Cuál de ustedes es Amor? Deseamos que él sea nuestro invitado."

Amor se puso de pie y empezó a caminar hacia la casa. Los otros ancianos se levantaron y lo siguieron.

Sorprendida, la mujer les preguntó, "Sólo invité a Amor, porque vienen ustedes también?"

Los ancianos respondieron al unísono, "Si hubieran invitado a Riqueza o a Éxito los otros dos hubiesen permanecido afuera, pero como invitaste a Amor, nosotros vamos con él".

Porque donde hay Amor, hay Riqueza y Éxito.

¡Cuántas veces damos prioridad a la Riqueza o al Éxito y dejamos de lado el Amor!

Riqueza y Éxito se pueden volver a conseguir si se pierden, pero el Amor no es igual. Si perdemos el Amor lo perdemos todo.

Acuérdate que el Amor repara todo
Acuérdate que algunas cosas son eternas
Y que la amistad te da consuelo
Tu riqueza está en los que te rodean.
Comprende que nunca es demasiado tarde
Convierte la rutina en hazaña
Conserva tu salud, felicidad y esperanza
Detente para contemplar el cielo
Y no te olvides nunca, pero nunca
Ni siquiera un día, ni un día…
Que eres un ser único
El gran vuelo de la transformación del águila.

Sin llegar a la dureza física podemos aprender mucho del significado del cambio del águila y cómo aplicarlo a nuestra vida. Es un buen ejercicio alejarse de nuestras actividades cotidianas, sin una fecha definida, no tiene que ser la mitad de la esperanza de vida es decir en los 40. Alejarse de todo, de la ciudad de la vida cotidiana y de nuestros amigos no sólo para descansar externamente, sino sobre todo, para escucharnos internamente.

Todos llevamos pesadas cadenas, hábitos y creencias arraigados.

Sueños enterrados de los que ya no nos acordamos, dones sin estrenar.

Una gran oportunidad para hacer balance, vaciarnos de cargas, sanarnos, reconciliarnos con nosotros mismos y con nuestro Ser interno e incorporar nuevos hábitos positivos, un alto en el camino y las herramientas necesarias pueden ser ese balance.

Nos podemos retirar por varios días a un lugar tranquilo a meditar, reflexionar o poner nuestra vida en orden, es un proceso que lo podemos hacer por nuestra cuenta o con personas expertas, pues la mayoría de nosotros no contamos con los recursos necesarios ni las experiencia para practicarlo con total eficacia.

Bajo el nombre de "Vacaciones Especiales", "Retiros", "Viaje al Interior", "Curso Vivencial" o similares, en los países o zonas de cada uno de ustedes, o las pueden buscar a la que se adapte más a sus preferencias.

Somos merecedores de una o varias veces en la vida nos reiteramos del mundanal ruido para emprender después un gran vuelo.

Este es el texto de la presentación:

El águila es el ave que posee la mayor longevidad de su especie. Llega a vivir 70 años.

Pero para llegar a esa edad, a los 40 años de vida tiene que tomar una seria decisión. Sus uñas curvas y flexibles no consiguen agarrar a las presas de las que se alimenta.

A los 40 años su pico alargado y puntiagudo también se curva. Apuntando contra el pecho están las alas, envejecidas y pesadas por las grandes plumas.

¡Volar ahora es muy difícil!

Entonces el águila tiene dos alternativas. Morir o enfrentar un doloroso proceso de renovación que durara 150 días

Ese proceso consiste en volar hacia lo alto de una montaña y refugiarse en un nido, próximo a una pared., donde no necesite volar.

Apenas encuentra ese lugar, el águila comienza a golpear con su pico la pared, hasta conseguir arrancárselo; apenas lo arranca debe esperar a que nazca un nuevo pico, con el que después, va a arrancar sus viejas uñas.

Cuando sus nuevas uñas comienzan a nacer, prosigue arrancando sus viejas plumas.

Y después de cinco meses sale victorioso para su famoso vuelo de renovación y de revivir, y entonces dispone de...30 años más.

En nuestra vida muchas veces tenemos que resguardarnos por algún tiempo y comenzar un proceso de "RENOVACIÓN" para que reanudemos un vuelo victorioso, nos debemos desprender de ataduras, costumbres y otras tradiciones del pasado.

Solamente libres del peso del pasado, podremos aprovechar el valioso resultado de una transformación.

(Anónimo)

MANUAL DEL GUERRERO DE LA LUZ

TODO GUERRERO DE LA LUZ YA TUVO ALGUNA VEZ
MIEDO DE
ENTRAR EN COMBATE
TODO GUERRERO DE LA LUZ YA RECORRIÓ UN CAMINO
QUE NO ERA EL SUYO
TODO GUERRERO DE LA LUZ YA SUFRIÓ POR COSAS
SIN IMPORTANCIA
TODO GUERRERO DE LA LUZ YA FALLÓ EN ALGUNAS DE
SUS OBLIGACIONES ESPIRITUALES
TODO GUERRERO DE LA LUZ YA DIJO 'SÍ' CUANDO EN
REALIDAD QUERÍA DECIR 'NO'
TODO GUERRERO DE LA LUZ YA HIRIÓ A ALGUIEN
A QUIEN AMA Y POR ESO
ES UN GUERRERO DE LA LUZ
PORQUE YA PASÓ POR TODO ESTO
Y NO PERDIÓ LA ESPERANZA
DE SER MEJOR DE LO QUE ERA

Paulo Coelho

BIBLIOGRAFÍA

Byrne, Rhonda- El Secreto

Butterworth. Eric- El fluir divino de la abundancia

Chopra Deepak- Las siete leyes espirituales del éxito

Murphy, Joseph- El poder de la mente subconsciente

Hewitt, Les, et al- El poder de la mente enfocada

La Biblia- Dios habla hoy

Larranaga, Ignacio- Del sufrimiento a la paz

O'Connor, Joseph- Coaching con PNL

Sharma, Robin S. - El Monje que vendió su Ferrari

Smith's, Stretton- Creciendo en prosperidad

Smock, Martha- Guía de supervivencia para el alma

Ricardi, Ramón; Huracelt, Bernardo- La Nueva Biblia

SEMINARIO Y ESTUDIOS

Curso "La Mujer Encantadora", Puerto Rico

Centro de Liderazgo Liberty, Puerto Rico

Talleres proceso de transformación y liderazgo básico, avanzado Proceso de Liderazgo

Talleres de reprogramación mental

Unity Church Clases de desarrollo y ayuda espiritual

Amerilíderes Academia de Coaching y Capacitación internacional, Miami, FL. Life Coach Internacional

Fuentes de Internet

www.ingramcontent.com/pod-product-compliance
Lightning Source LLC
Chambersburg PA
CBHW071139090426
42736CB00012B/2160